AF329072

SOUVENIRS

DE LA

VIE DE PLAISIR

SOUS

LE SECOND EMPIRE

PAR

GASTON JOLLIVET

Lettre-Préface de PAUL BOURGET

DE L'ACADÉMIE FRANÇAISE

ÉDITIONS JULES TALLANDIER

75, Rue Dareau, Paris (XIVe)

SOUVENIRS

DE LA

VIE DE PLAISIR

GASTON JOLLIVET

SOUVENIRS

DE LA

VIE DE PLAISIR

SOUS

LE SECOND EMPIRE

Lettre-Préface de PAUL BOURGET
DE L'ACADÉMIE FRANÇAISE

A PARIS

ÉDITIONS JULES TALLANDIER

75, RUE DAREAU, 75

LA FAMILLE IMPÉRIALE

G. J. Front. — 1

Avignon, 13 janvier 1927.

Mon cher ami,

La lecture de vos épreuves a charmé ma route de Paris ici, où j'ai retrouvé le mistral dont un marseillais me disait jadis : « Ce n'est pas du vent. C'est le mistral, qui rend le Provençal alerte. » Ce mot d'alerte est celui qui convient à ce récit de vos souvenirs. Ils sont contés si gaiement et si virilement, sans aucune de ces prétentions qui gâtent trop souvent les mémoires : désir de briller, coup de pouce donné à la vérité pour se rehausser soi-même et diminuer les autres, dramatisation des menus incidents, portraits complaisamment surchargés. Vous les parlez, vous, vos souvenirs, comme on cause entre camarades qui se connaissent de longue date, ne cherchant pas à produire de l'effet les uns sur les autres, et c'est la première qualité de ces pages que vous avez simplement intitulées : « Folle jeunesse ». Elles sonnent vrai. Pas une note qui ne soit juste dans l'évocation des hommes que vous avez montrés. Je peux l'attester pour ceux d'entre eux que j'ai moi-même approchés : cet admirable et charmant d'Aurevilly dont vous citez cette réplique où j'ai cru entendre sa voix : « Moi, Madame, je ne me teins

*pas, je me peins... » ; — ce spirituel et mordant
Chapron avec qui je stendhalisais entre deux actes,
quand nous étions tous deux courriéristes dramatiques, lui au* Gil Blas, *je crois, moi au* Parlement.
*Nous essayions, enfantinement, de nous prendre en
faute sur quelque citation du* Rouge et du Noir ; —
*cet élégant Charles Haas à qui ce même Barbey en
appelait un jour dans le salon de Mme de Poilly, au
sujet de Mlle Mars. « Non, je ne l'ai jamais vu jouer »,
répondait Haas, et comme il avait une remarquable
mémoire il ajouta : « Elle est morte en... » et il donna
le chiffre de l'année 1847. Sur quoi, Barbey : « Lais-
sons les dates. Elles importent peu ... » Mais voici
que vous allez m'inciter moi-même à me remémorer
des anecdotes à joindre aux vôtres. Ne vous en prenez qu'à l'alacrité contagieuse de votre plume.*

*Elle a fait mieux que de narrer avec tant de
naturel d'amusantes réminiscences. J'imagine qu'un
Taine de l'avenir veuille jamais tracer une peinture
exacte des mœurs du Second Empire. Nulle part il
ne recueillera une plus abondante moisson de ces
petits faits significatifs, dont l'historien des* Origines
*était si friand, que dans votre livre. L'atmosphère
de cette époque si voisine de nous, et déjà si loin-
taine, se respire à travers toutes vos phrases, et la
bonne humeur dont elles sont empreintes rend plus
saisissant encore l'enseignement qui s'en dégage.
Car elles en imposent un, et bien utile, à l'heure
même où vous publiez ce volume. Vous nous ramenez
aux années 1860 et suivantes. Quoiqu'en ait dit
notre d'Aurevilly, les dates importent beaucoup.
La résurrection de l'Italie vient d'affirmer le re-*

nouveau en Europe du principe des nationalités, tout de suite Sadowa et la campagne de 1866 vont montrer que la Prusse est toujours la force organisatrice qui peut, qui doit, comme Stein l'avait pressenti au temps de Napoléon Iᵉʳ, coordonner le chaos des Allemagnes et les ramasser en une redoutable unité. Que cette unité germanique doive, elle aussi, recommencer cette entreprise d'Impérialisme qui fut celle des Ottonides, des Hohenstaufen et des Habsbourg et, pour cela, briser d'abord la France, toute l'histoire l'annonce, et les Prussiens ne s'en cachent point. Tel ce lieutenant Von X... qui vous confiait avec bonhomie à Spa : « Si nous nous cognons jamais avec vous, je regrette pour vous de vous dire que vous recevrez bientôt une pile... » Les rapports du colonel Stoffel, les lettres patriotiques de Mᵐᵉ de Pourtalès, retrouvées dans les papiers des Tuileries, attestent combien étaient visibles les menaces d'une guerre si dangereuse pour notre pays. Personne en dehors de quelques perspicaces observateurs, ne voulait le voir. Vos souvenirs nous montrent toute une génération spirituelle, courageuse, allante, qui, demain sur les champs de bataille d'Alsace et de Lorraine chargera en disant comme le Galliffet de Sedan : « Tant que vous voudrez. » Mais penser au péril commun, par avance, s'y préparer sérieusement, vivre en conséquence et travailler comme les gens de l'autre côté du Rhin avec cette acceptation du réel, cette vertu vitale des peuples qui veulent durer, ne demandez pas cela aux Français du Second Empire. Hélas! Après l'effroyable aventure de 1914, ceux de la troisième

*République n'ont-ils pas oublié la leçon reçue alors?
Du moins les Parisiens de votre Folle jeunesse
avaient-ils pour excuse que l'équilibre assuré par
les Traités de 1815 nous avait, un demi-siècle durant, préservés des conflagrations mondiales, que
la politique intérieure de la Restauration, de Louis-
Philippe, enfin de Napoléon III venait de nous
procurer, sinon la paix sociale, du moins un répit
entre les secousses révolutionnaires d'après 89 et la
sanglante explosion de la Commune. C'est de quoi
expliquer un aveuglement dont vous avez vous-
même condamné dans le très bel épilogue de votre
livre la « frivolité insouciante ». Vous dites, avec
une sincérité émue, que votre génération a encore
aujourd'hui une dette à payer, et que vous la
payez, cette dette, pour votre part, en montrant
aux nouveaux venus ce qu'ils ne devraient pas être.
Puissent-ils, s'ils s'engagent aussi sur le chemin
fatal de la frivolité insouciante, et trop de signes le
font craindre, y conserver du moins les vertus qui
ennoblissent les égarements dont vous vous êtes fait
le chroniqueur : la loyauté dans l'amitié, le sentiment
de l'honneur, le goût des choses de l'esprit, et le
respect, même dans la faute, de ces deux grandes
choses humaines : la Famille et la Patrie.*

Paul BOURGET,
de l'Académie française.

Aux Lecteurs.

J'aurais déjà, jeunes Français,
Mis au feu tout ce qui va suivre
Si je ne rêvais le succès
Que voici pour cet humble livre :
C'est qu'après l'avoir lu, l'envie
S'impose à vous comme une loi
Dans la conduite de la vie,
D'être un peu moins bêtas que moi. .

SOUVENIRS

DE LA

VIE DE PLAISIR

SOUS

LE SECOND EMPIRE

———

CHAPITRE PREMIER

LA COUR IMPÉRIALE

L'empereur vu au théâtre et sur la glace du Bois de Boulogne. — L'impératrice passant aux Champs-Élysées. — Les souverains dans le privé. — La famille impériale.

La Cour.

Le comte d'Haussonville reconnaît loyalement dans ses Souvenirs que Napoléon III, dont il fut loin d'être un fidèle, était un homme très bien élevé. C'est l'exacte vérité : donc il est naturel que le souverain se soit entouré d'hommes également « comme il faut » aux yeux des plus difficiles. Morny, Walewski et Fleury ont eu l'aisance et l'allure des grands seigneurs d'autrefois. L'impératrice tint également à n'avoir auprès d'elle que des femmes distinguées par leur naissance et dans leurs façons, à commencer par ses dames d'honneur. MM^{mes} de Lourmel, de La Bédoyère, Aguado, les premiers noms qui viennent sous ma plume, auraient pu aller de pair avec leurs « collègues » des autres grandes cours de l'Europe. Aussi les étrangers de choix tenaient-ils à grand honneur de figurer parmi les invités soit des lundis de l'impératrice, soit de ces fameuses séries de Compiègne, où ils pouvaient, par la même occasion, faire la connaissance de nos littérateurs et de nos artistes les plus en vue, soit enfin aux chasses à courre de Fontainebleau, de Rambouillet ou de Compiègne qui ont revêtu un caractère de magnificence apprécié et jalousé même par les Anglais les plus difficiles en matière de vénerie fastueuse.

La Famille impériale. Napoléon III.

J'étais dans la foule, devant le théâtre de l'Odéon, lors d'une représentation où quelques étudiants républicains, qui s'étaient tenus à peu près tranquilles pendant la représentation, crurent devoir, lors de la sortie où le service de police fonctionnait moins strictement que dans l'intérieur du théâtre, entonner ou simplement fredonner une chanson populaire alors à la mode : *Le Sire de Framboisy*, qui débutait par :

Corbleu, Madame, que faites-vous ici?

L'intention désobligeante était manifeste, mais aucun ordre ne fut donné aux agents de mettre la main aux collets des jeunes gens. César eut peut-être raison après tout : menés devant un juge complaisant au pouvoir, les prévenus pouvaient « la faire » à l'innocence et les avocats plaider que la chanson n'était pas séditieuse. En tout cas l'empereur n'accusa pas le coup, comme on dit familièrement. Il ne se pressa même pas de remonter en voiture. A cette occasion, — jusque-là je ne l'avais jamais vu debout, — je constatai qu'il avait les jambes un peu courtes pour le reste du corps.

Je n'ai approché de très près de l'empereur que sur la glace du Bois de Boulogne par une matinée d'hiver. Un maladroit coup de patin avait failli me jeter sur lui. Comme j'avais pu me retenir à temps, le monarque qui échangeait quelques mots avec le général Fleury n'eut pas à y prendre garde. Moins heureux que le petit soldat à qui Napoléon Ier avait dit : « Retire-toi de là, imbécile », et qui raconta depuis, fièrement : « L'Empereur m'a parlé ! » Je n'ai pas eu la chance que le neveu ait remarqué ma présence. Il continua sa conversation. A peine s'il se sera aperçu d'un vague salut esquissé par mes doigts gelés. Ce n'est pas le patin qui me rendit bonapartiste.

L'Impératrice.

C'était une fête des yeux que son passage aux Champs-Élysées dans sa daumont, saluant à droite et à gauche avec une inclinaison de tête qui n'était qu'à elle, ou encore plus à notre aise, de la contempler dans une avant-scène à l'Opéra, aux Français, quand elle se penchait pour suivre commodément sur la scène le jeu des artistes en vedette : ce que je voyais d'elle n'était qu'un buste, mais admirable.

D'être belle, surtout pour une souveraine, ne dispense pas d'autres mérites. L'impératrice eut le cœur généreux. Les adversaires les plus convaincus de l'Empire rendirent hommage à l'empressement avec lequel elle alla spontanément à l'hôpital d'Amiens visiter les cholériques. Son budget de charité, tenu à jour avec un soin scrupuleux, allégea des infortunes respectables car elle s'ingéniait, après consultation près des œuvres de bienfaisance chargées d'enquêtes spéciales, à secourir les pauvres honteux. En outre je sais de bonne source que le jour où, exilée, elle n'eut plus à sa disposition les ressources d'une liste civile, elle ne cessa pas de faire verser chaque année une souscription importante à l'Office central des institutions charitables.

D'autre part, en ce qui touche sa valeur intellectuelle, et aussi son instruction, j'ai un témoignage curieux. Un homme très clairvoyant, Jean-Jacques Weiss, dont j'ai été, comme je le dirai plus tard, chef de cabinet au ministère des Beaux-Arts, ayant été très opposé à l'Empire avant son évolution libérale, me parla d'elle deux fois, après deux occasions où il avait pu la juger. La première fois, c'était au Salon de peinture de mai 1870 que la souveraine inaugurait. Weiss lui en avait fait les honneurs, remplaçant son ministre, Maurice Richard, empêché.

« Il est difficile, me confia-t-il le soir, de parler avec plus d'incompétence que l'impératrice de tableaux ou de statues! Heureusement, le public et les artistes se sont tenus à une distance assez respectueuse d'elle pour ne pas l'entendre. »

En revanche, deux mois après, il me disait très ému :

« Je sors du conseil des ministres, l'impératrice régente présidait. Elle a été à la hauteur des circonstances tragiques que nous traversons. Impossible de s'exprimer avec plus de fermeté et de noblesse. C'est une grande patriote! »

L'adversité la grandit encore. Je le prouverai un jour.

Napoléon III et l'Impératrice dans le privé.

Sans avoir eu, je vous l'ai dit, mes grandes et encore moins mes petites entrées aux Tuileries, j'ai pu recueillir quelques « précisions », grâce à quoi je ne me suis pas mis trop profondément, pardonnez-moi le mot, le doigt dans l'œil de bœuf impérial. Cette chronique galante m'a été faite par bribes, par des familiers du palais à qui je dois des anecdotes parfois suggestives et qui étaient sûrs de ma discrétion tant que les héros et héroïnes vivraient et eux aussi. Aujourd'hui que je peux parler, je n'en abuserai point. Mais si j'ai raconté mon souper avec Marguerite Bellanger et un camarade, c'est que ceux-ci se cachaient bien peu. Je ne dirai pas d'autres noms de professionnelles qui, du reste, se vantaient peut-être en mettant des heures à raconter les demi ou quarts d'heure d'attention césarienne, dont elles auraient été gratifiées, et encore moins citerai-je des femmes mariées. Dans l'ensemble Napoléon III ne rencontra pas la tendresse désintéressée d'une La Vallière. Il a eu cela de commun avec beaucoup de grands financiers et de directeurs de théâtre de n'être pas aimé pour lui-même, et comme ceux-ci il eut le bon sens de se contenter du simulacre. En tous cas aucune fille d'Ève ne le subjugua au point d'influencer sérieusement sa politique, soit en France soit à l'extérieur.

Si l'impératrice fut très malheureuse de ces fredaines, ses contemporains et ses contemporaines survivants sont d'accord pour déclarer, après Filon, qu'elle demeura « à l'austère devoir pieusement fidèle », comme il est dit dans le sonnet d'Arvers. Dieu sait pourtant qu'elle a été circonvenue par ces adorations qui la faisaient quelquefois sourire, car elle n'ignorait pas, par exemple, que tel ou tel représentant de la Prusse recevait de Berlin, entre autres instructions, celle de tomber amoureux de la souveraine dès le lendemain de sa lettre de crédit. L'un d'eux, le comte de Goltz, fut épris pour de bon. En tout cas, il joua naturellement ce rôle d'amoureux transi avec toute la grâce d'un exécutant du pas de l'oie et fit rire de lui toute la galerie.

Laissez-moi vous parler d'un hommage plus délicat et peut-être aussi plus flatteur pour la souveraine. Hortensius de Saint-Albin, bibliothécaire des Tuileries, a dit un soir devant moi, chez des amis communs :

« Je ne sais pas ce qui a passé hier dans la tête de l'impératrice. Elle qui n'a jamais demandé de livres sur les voyages dans les pays lointains, m'a prié de faire mettre sur sa table tout ce qui a été écrit sur les Antilles. »

J'avais appris le matin que le lieutenant de vaisseau des Varannes s'était embarqué pour l'Amérique du Sud la semaine précédente.

Or des Varannes était l'homme charmant, l'Hippolyte de Phèdre, « traînant tous les cœurs après soi », mais loin d'être leur bourreau comme le Don Juan de Baudelaire jusque dans la barque à Caron, il était souvent leur martyr. Cette hypertrophie de sentiment pouvant nuire à sa carrière, « c'est pour son bien » — je ne plaisante pas — qu'une fameuse comédienne le détacha d'elle par un moyen ultra-prosaïque qu'il raconta, fondant en larmes, le jour même, à son ami le duc de Rivoli.

Au lendemain de cette rupture, son camarade d'école, Ch. Duperré, officier d'ordonnance de l'empereur, l'amena aux Tuileries. Le souverain l'intéressa à sa personne. Son service lui permettait

d'approcher l'impératrice. Il l'aima discrètement.
« Un chien regarde bien un évêque », a dit Edmond
About, qui ajoutait : « L'évêque n'est pas toujours
fâché d'être regardé du chien. » L'impératrice ne
put pas ne pas être très touchée de ce culte muet.
Mais il y eut des commérages à la suite desquels
fut décidé l'embarquement dont je viens de parler
et qui eut une issue fatale. Pour avoir quitté son
bord et couru spontanément à Haïti où régnait la
fièvre jaune afin de se tenir aux côtés du résident
français, des Varannes gagna la contagion et mourut
victime de son dévouement. L'impératrice envoya
des fleurs aux obsèques. Un monument fut élevé à
ses frais dans l'église de la commune d'Hunon, en
Anjou, d'où le défunt était originaire. Sa mère, appelée
aux Tuileries, fut l'objet des plus délicates attentions.
Et la souveraine put parler à cœur ouvert de ce fils
qui avait eu avec elle un petit roman sans paroles.

Outre le bibliothécaire Saint-Albin, j'ai connu un
autre guide de l'impératrice pour les choses de
l'esprit, Brachet, son lecteur. C'était un bénédictin
laïque, en même temps qu'un étonnant visionnaire
en politique. Il devait être le prophétique auteur de
L'Italie qu'on voit et l'Italie qu'on ne voit pas,
chapitre détaché d'une œuvre qui aurait pu occuper,
vu son seul titre, dix existences d'écrivain : *La
psychologie comparée des peuples*. Brachet avait
été indiqué à l'impératrice par Duruy, qui se connaissait en jeunes hommes de mérite, quelques mois
seulement avant la chute de l'Empire. Dans ce peu
de semaines, il eut le temps d'exercer autour de lui
son esprit d'observation et même de prendre des
notes malheureusement perdues ou volées. Je me
rappelle ce qu'il m'a dit de vive voix des lectures
préférées de celle qu'il appelait, entre amis, la

patronne : Dès la première séance, elle le prévint avec beaucoup de bonne grâce qu'elle n'avait pas lu *Madame Bovary* et ne tenait à connaître aucune œuvre licencieuse. Il n'alla donc pas avec elle, en fait de livres d'amour, beaucoup plus loin qu'*Olympe de Clèves*, et encore parce que c'était de l'histoire.

Brachet, comme psychologue, trouva aux Tuileries un magnifique sujet d'observation dans la personne de cet étrange Monsignor Bauer, juif converti (on appela son apostasie une nouvelle conversion du trois pour cent), très intelligent, très intrigant, dont l'impératrice fit dans les dernières années du règne un peu étourdiment son chapelain. Brachet ayant eu la curiosité compréhensible de chercher la raison pourquoi Mgr Bauer était entré dans les Ordres, la démêla dans toute une série de jugements portés devant lui par le chapelain sur les femmes en général. Se flattant lui-même d'être psychologue, Bauer s'était fait prêtre pour confesser. Et il confessait à la Balzac afin de pénétrer les secrets de l'éternel féminin. Les absolutions octroyées par ce dilettante ont dû être révisées par un tribunal de la pénitence plus sérieux que le sien.

C'est après la guerre seulement que j'ai eu l'honneur, et je puis dire le bonheur, d'être reçu célibataire, puis marié, chez la princesse Mathilde, dont j'espère parler un jour. Quant à son frère, le prince Napoléon, vous n'ignorez pas le mot de Napoléon III : « Je suis le seul bonapartiste de la famille ; l'impératrice est légitimiste et le prince Napoléon républicain. » Ce dernier qualificatif ne m'attira pas vers l'hôtel de l'avenue Montaigne, où celui qu'Edmond About appela « le César déclassé » frondait les actes de son impérial cousin en compagnie

de députés et de journalistes démocrates. Du reste
l'empereur était le plus indulgent des hommes,
même pour sa famille de la main gauche, si bien que
je crois imaginée cette réponse à la demande de son
fils : « Papa, quelle est la différence entre un malheur
et un accident? — Ton oncle, le prince Napoléon,
tombe à l'eau : c'est un accident; on le retire : c'est
un malheur. »

Les Murat.

Tous trois, le général, Achille et Louis, ainsi
que la duchesse de Mouchy, leur sœur, étaient
absolument exempts de morgue et par là très
populaires. On leur sut gré aussi de ce qu'étant très
beaux tous les quatre, ils n'eurent jamais l'ombre,
les uns de fatuité, l'autre de coquetterie.

J'ai soupé plus d'une fois avec Achille et Louis,
surtout avec le dernier, mon cadet de quelques
années. Son extrême jeunesse explique l'éblouis-
sement ingénu que lui causa, lors de son premier
souper, l'entrée dans un cabinet du Café Anglais
de Cora Pearl et la facilité avec laquelle il lui
attribua sinon toutes les vertus, du moins toutes
les séductions. Cet enthousiasme lui passa aux
Antilles où sa famille l'avait envoyé s'assagir, et
au retour il a été le premier à en rire avec Cora
elle-même quand le métier lui en laissait le temps.

Pierre Bonaparte.

Juin 1870. — Paul de Cassagnac que je venais
voir au *Pays* me dit un matin :
— Je t'emmène déjeuner.
— Où?

— A Auteuil. Je t'ai annoncé. On te fera bon accueil.

— Une femme ?

— Ne t'échauffe pas... Le brave homme qui s'appelle le prince Pierre Bonaparte.

Je tombe de mon haut, sachant de notoriété publique que Pierre Bonaparte, ancien député de la Montagne jusqu'au 2 décembre, boudait depuis ce temps-là le régime dont Paul de Cassagnac était l'impétueux champion. Mais je savais aussi qu'amené par lui je ne regretterais pas d'avoir pris mon chapeau et de le suivre.

A table, nous n'étions que quatre avec le prince, Cassagnac et moi et un troisième convive nommé Ducoux, ancien collègue de Pierre Bonaparte à la Législative, où il siégeait près de lui, gros homme très moustachu, encore plus barbu, le type connu de ces gaillards de l'extrême gauche qui faisaient dire au président Dupin, invité par la droite à rappeler à l'ordre leur turbulence : « Comment les reconnaître ? Ils se cachent tous dans leurs barbes ! »

Pendant le repas, Ducoux nous donna des détails techniques et fastidieux sur le service des Petites Voitures dont il était le directeur. Pierre Bonaparte, en revanche, anima la conversation avec une rondeur bon enfant et désarma mes préventions réactionnaires, en ne prononçant pas un seul mot de politique. Au café, dans le salon, on causa duel à propos d'une récente rencontre de Cassagnac avec Ranc, à l'épée. Le prince déclara préférer le pistolet et, tout à coup se levant, il ouvrit toute grande la fenêtre sur son jardin qui s'étendait assez vaste et à l'extrémité duquel s'arrondissait une vaste plaque de tir en tôle, et nous proposa de « faire » quelques balles sans quitter notre place dans le salon, à vingt-cinq pas de la cible, distance de duel. Je tirai le premier : ma balle ne toucha que l'extrémité du bord de la plaque avant de s'enfouir dans le sable. Le prince et Cassagnac firent mouche.

C'est dans ce même salon, avec ce même pistolet, que le prince, à quelques jours de là, tua Victor Noir venu le provoquer au nom du citoyen de Fonvielle. Le mouvement de colère qui lui fit décharger son arme a-t-il été justifié par une voie de fait ou simplement par de grossières apostrophes? Encore un de ces mystères que, même après un demi-siècle l'esprit de parti laisse intact. En ce qui me touche, je crois à la légitime défense. Ce qui est certain, en tout cas, c'est que la balle qui mit à mort Victor Noir ricocha terriblement sur l'Empire. « Il vaut mieux, a dit le président lui-même, ami du pouvoir, au procès jugé à Tours, n'avoir pas chez soi d'armes chargées, quand on est cousin de l'Empereur. »

CHAPITRE II

LA FEMME DU MONDE

Le cadre. — La toilette. — Grandeur et décadence de la crinoline. —
Bals et soirées où j'allais. — Les redoutes d'Arsène Houssaye et
de d'Osmond. — Chez Mme Rattazzi, née Bonaparte. — Les dîners
en ville. — La surveillance maternelle. — Deux mots des belles-
mères.

Le cadre.

La curieuse exposition du Musée des Arts
Décoratifs, au printemps de 1922, nous l'a exhibé en
détail. La jeune génération a ri ou souri de ce qu'y
est apparu de vieillot à son idée. En quoi elle a
peut-être été un peu sévère. N'est-elle pas restée
éternellement jolie, et aujourd'hui d'ailleurs introuvable, cette perse semée de fleurs gaies dont se
couvraient les meubles, par exemple. Si d'autre
part je vous accorde qu'on voyait bien des capitons,
bien de la peluche, bien du velours, bien des tables
et des coffrets incrustés de nacre, en bloc, beaucoup
de Tahan et de Giroux, était-ce vraiment si vilain
que cela tout cela?

Y compris aussi la toilette féminine. Oui, je le

sais, il faut tout d'abord régler le compte de la crinoline ! ce dôme dont déjà les caricatures du temps donnèrent suffisamment les plans, coupe et élévation de la hanche aux chevilles, les ressorts d'acier qui en faisaient un poids lourd, dont la porteuse ne savait pas toujours comment s'alléger quand elle était assise. Dans *La Vie parisienne* de Meilhac et Halévy, une cocotte personnifiée par la sémillante Elmire Paurelle mollement étendue sur un canapé, à côté du baron de Gondremark, gentilhomme suédois venu à Paris pour « s'en fourrer jusque-là », minaudait, le faisait à l'incomprise par la faute d'une société mal faite « qui ne donne pas à la femme une place suffisante ». Et, vlan ! d'un geste brusque de la main, elle envoyait sa crinoline sur le baron, le couvrait, l'engloutissait, lui en fourrait jusque-là. On n'entendait plus que son « J'étouffe » lamentable. J'ai rarement tant ri au théâtre que ce soir-là.

La crinoline s'effondra sous ces blagues, y compris les chansons de café-concert. Le ridicule tue, quoiqu'on en dise. Sa fin précéda de quelques mois la fin du Second Empire, mais elle fut moins brusque. Il y eut des étapes, des paliers, par exemple, la tournure. Puis, d'amincissements en amincissements, on arriva à cette autre antithèse de la crinoline, la robe fourreau. Vers 1875 une revue du marquis de Massa et de moi, au Cercle de l'Union Artistique, exhiba deux comédiennes campées à côté l'une de l'autre, celle-ci épanouie dans une crinoline, celle-là sanglée dans une sorte de parapluie fermé. Il y eut une stupeur dans la salle : « J'étais donc si laide que ça ! » s'exclama Mme de Pourtalès. Laide ! Ce cri fit rire par son invraisemblance, mais il fut la condamnation définitive même du souvenir de la crinoline. Entre nous et aussi entre parenthèses peu de jeunes gens du Second Empire l'apprécièrent. La nécessité de tourner autour d'elle imposait des distances bien involontairement respectueuses.

Il me semble que l'on est aujourd'hui plus indulgent pour elle, témoin ces charmantes lignes que j'ai découpées je ne sais plus où, inspirées par une visite au Musée des Arts Décoratifs :

« Les écharpes et les châles se balancent comme des ailes. Les dentelles frémissent, les franges ondulent, les volants frissonnent, les petits bustes s'érigent comme des pistils au-dessus de l'énorme corolle de la jupe ; l'étoffe gonflée, au gré vivant des valses et au rythme des polkas, s'enfle en tournant d'un seul côté comme la voilure d'un beau navire. Baudelaire d'ailleurs l'a chantée. O crinoline insensée, exemple de ce que l'imagination féminine a de déréglé et d'adorable, corolle à l'envers, coupe immense et renversée parmi l'écume des mousselines et des tulles, décente mais secrètement orgiaque, crinoline qui t'étales à souper à la fois sur les genoux du voisin de droite et le ventre de celui de gauche, tempête d'étoffe, océan de soie où Vénus se cache, tente ronde sous laquelle un sultan pourrait habiter, couvercle du réchaud sur lequel le plat fin mijote, feuilleté de Feuillet, rose aux cent pétales, campanule, gigantesque dôme des villes des Mille et Une Nuits, nuage rond tout prêt à devenir déesse, ô crinoline, on t'a méconnue ! »

Voilà qui est bien parlé. J'ajoute que le simple bon sens interdirait d'envelopper dans une simple jupe l'ensemble de la toilette féminine au temps de l'impératrice Eugénie. Pour ma part, n'ayant jamais pu, à la sortie d'un dîner en ville, d'une soirée, dire à âme qui vive si même la maîtresse de la maison était en blanc, en noir, ou en bleu, ou en vert, je vous demande la permission de passer la plume à une contemporaine avertie qui veut bien la caractériser, pour fixer mes idées concernant la toilette d'alors, par cette brève formule : Elle était avant tout féminine.

« Pourquoi? Parce que d'abord nous étions encore des apprenties dans les sports masculins, ensuite et surtout parce que nous ne portions pas de jupes courtes attendu que c'est le costume requis pour ce qu'on appelle aujourd'hui le *footing* et que nous nous promenions bien rarement à pied. Quand nous manifestions le désir d'aller faire un tour de boulevard, nous prenions le bras d'un mari ou d'un frère et déambulions lentement du passage de l'Opéra à la chaussée d'Antin. Il était interdit par la bienséance, si nous nous trouvions seules par hasard ou avec une amie dans une rue à boutiques ou sur le boulevard de s'arrêter devant les devantures, surtout celles des bijoutiers, de crainte que quelque insolent ne prenne ce prétexte pour nous offrir son cœur et un bijou. Donc faute de footing et aussi parce que nous étions encore très peu « sports », la jupe courte et la chemisette aisée ne s'imposaient pas. D'une façon générale d'ailleurs j'ai connu le règne de la dentelle, des flots de rubans, des dessous de mousseline tuyautée et plissée, des cheveux bouclés se déroulant de chaque côté du visage. Nous avions la taille de guêpe, les épaules émergeant du corsage décolleté; « le suivez-moi jeune homme », qui consistait dans deux bouts de ruban étroit passés autour du cou.

« En résumé, pas plus qu'aujourd'hui, nous ne faisions la mode. C'étaient nos couturiers et nos couturières qui nous déchargeaient de ce soin avec leurs dessinateurs, les marchands d'étoffe, etc... et nous n'y voyions que du feu. Comme aujourd'hui aussi, nous jetions les hauts cris devant une facture, nous demandions une augmentation de pension à nos maris, et terme et délais aux fournisseurs et tout finissait par s'arranger... La différence entre vous et nous est à votre détriment et illogique. Moins vos robes ont d'étoffe avec vos toilettes où l'on ne voit que vos oreilles, plus vous payez cher. »

La journée de la femme du monde.

La matinée de la femme du monde se passait à recevoir des fournisseurs, car on entrait rarement chez une modiste ou chez une couturière (notez que les grands magasins n'existaient pas), on faisait travailler chez soi, comme l'impératrice, qui possédait aux Tuileries un véritable atelier de couture. Quelquefois même il lui était apporté des modèles à choisir et les essayages avaient lieu chez elle.

« Nous sortions peu le matin, me rappelle ma contemporaine, en dehors des meilleures d'entre nous qui avaient leurs pauvres. Après le déjeuner, lecture tranquille de romans exempts de piment. On recevait des intimes. Puis c'était la promenade, rarement à pied. »

Ensuite les visites, le tour du lac d'où l'on revenait assez vite, car on dînait à sept heures.

Après le dîner, en dehors du théâtre dont je parlerai aussi plus tard en détail, les bals et soirées à partir de Noël, de décembre à mai, entretenaient la nuit, dans les quartiers chics, une anima-

Le prince et la princesse de METTERNICH

Clichés Y

Le prince de SAGAN

tion ininterrompue. Partout des fenêtres éclairées, va-et-vient incessant de voitures. Toute une vie nocturne, inconnue aujourd'hui à l'hiver parisien mondain.

Évidemment Mme Benoiton ne s'attardait pas tous les jours aux sermons du Père Félix. Maurice Donnay pensait sans doute à ce personnage de Sardou quand beaucoup plus tard, parlant de certains cinq à sept où l'on s'oublie dans les garçonnières, il a observé que c'est pour cela qu'on « dîne si tard dans les familles ». Mais cette épouse invisible dans son ménage était une Providence pour les jeunes gens sans fortune. Moins qu'aujourd'hui, je crois, elle se plaignait de la dureté des temps.

La Danse.

« Un jeune homme doit savoir danser », disait avec raison ma mère avant de m'envoyer chez Laborde, maître de danse alors célèbre, rue de la Victoire. Laborde avait des matinées et des soirées. L'austérité des matinées où ne s'enseignait que de la chorégraphie décente, polka, valse à deux temps, alors à la mode, mazurka et bien entendu quadrille, était corrigée par les soirées du mercredi et surtout du dimanche tout à fait Ohé! Ohé! où le cancan échevelé remplaçait tapageusement les « lanciers » de l'après-midi.

Laborde et son « alter ego » Perin me confièrent à une jeune éducatrice qui s'appelait Fioretta ou peut-être Fiorina. Ce prénom, ou surnom, m'aguichait déjà. Des yeux d'Andalouse et une nuque d'ivoire où serpentaient des boucles d'un noir magnifique détournèrent encore plus vite mes pensées du but technique que ma mère m'avait assigné chez Laborde. Pendant que Mlle Fioretta ou Fiorina, la tête légèrement baissée observait attentivement la façon dont je plaçais mes pieds avant de s'élancer dans l'espace, mon admiration se fixait obstinément sur la nuque d'ivoire et les boucles de cheveux d'ébène. J'ai toujours ignoré si « ma professeur » fut flattée comme femme, mais, quand elle relevait la tête, je ne lisais guère dans ses yeux une vive satisfaction de m'avoir pour élève. Ce que je sais mieux, c'est que Laborde la donna à un autre que moi, qu'elle se laissa faire et que de dépit j'espaçai et finis par lâcher les matinées pour ne plus me montrer rue de la Victoire qu'aux soirs Ohé! Ohé!

Par conséquent ne comptez pas sur moi comme reporter de bals et soirées en mon temps de jeunesse. A peine si à de longs intervalles, sur la pointe de mes pieds, et sur ceux de mes voisins faisant la haie comme moi, j'ai pu contempler l'entrée de deux enchanteresses, Mme de Villeneuve et la comtesse de Mercy-Argenteau. Je n'ai pas entendu le son de leur voix, mais qu'elles devaient donc dire de jolies choses s'il est vrai comme a dit Gautier que : « Le premier esprit d'une femme, c'est d'être belle. »

Donc, faute de renseignements à vous fournir *de visu*, laissez-moi passer la plume à ma contemporaine, pour vous parler du dernier bal des Tuileries dans l'hiver de 1870.

« Je n'y étais pas, mais j'ai souvent entendu parler ma sœur aînée du dernier bal des Tuileries donné dans l'hiver de 1870, où elle avait eu la bonne fortune d'être invitée. Elle m'a vanté l'étincelant éclairage, très doux en même temps, de ces

lustres à bougies, les belles toilettes des dames qui
faisaient la haie pour voir passer l'empereur et
l'impératrice et qui saluaient la souveraine d'une
révérence savamment étudiée. Ma sœur eut l'honneur de danser le premier quadrille devant Leurs
Majestés assises sur des trônes élevés, disant un
mot aimable à chaque couple qui passait.

« Comment était habillée ma sœur? Vous pensez
bien que, pour la circonstance, on s'était adressé à
Worth, le grand couturier du moment. Robe
bouffante en tulle blanc parsemé de guirlandes de
boules de neige. Si occupée qu'elle fût de sa toilette,
elle a retenu la révérence de la princesse de
Metternich, si profonde qu'il sembla qu'un immense
pouf s'écroulait sur le parquet. Après le départ
des souverains, si accueillants qu'ils eussent été
pour tout le monde, la détente de l'étiquette
accentua encore la gaîté habituelle aux soupers
par petites tables. Enfin, au départ, chacun retrouva
facilement ses affaires au vestiaire, ce qui ne
devait pas être toujours plus tard le cas de toutes
les fêtes officielles. En résumé, charmante nuit,
hélas! qui n'a pas été suivie d'autres ».

Autre son de cloche.

(Notes d'un invité, jeune orléaniste rallié à l'Empire libéral.)

« *Mars 1870.* — Dans mon costume de cour, culotte
courte, bas de soie, le tout loué chez le costumier
Baron, dont c'était la spécialité, je monte lentement
l'escalier entre deux rangées de magnifiques Cent-
Gardes, droits comme des statues, à chaque
marche, le sabre au clair.

« Que de mal pour arriver à la salle de danse au

bout de laquelle se dressaient, sur une estrade, les deux fauteuils en forme de trône, destinés aux souverains! Comme au théâtre, tout le monde se retourne vers une porte à deux battants, dès qu'on entend un huissier annoncer « *l'Empereur!* » A ce moment forte bousculade. Peur bleue de me fiche par terre.

« Je ne me fiche pas par terre, mais c'est à qui m'écrasera les deux pieds insuffisamment protégés par mes escarpins.

« Fête charmante... Si l'on m'y revoit! »

Pour être tout à fait franc, je ne me suis vraiment diverti que dans certains bals costumés à la bonne franquette qui pendant tous les carnavals ont fait fureur. Les perruquiers fameux ne savaient plus où donner du peigne et les costumiers en renom, Babin en tête, n'avaient plus assez de « boxes » dans le jour pour dissimuler les uns aux autres, les messieurs et les dames qui venaient essayer leurs déguisements. On s'asseyait sur des monticules de pourpoints, on trébuchait sur les bas garnis.

Quel souvenir inoubliable aussi que les redoutes d'Arsène Houssaye, si « à la coule »! Les deux immeubles avenue Friedland, se prêtaient à merveille à ces réceptions où courut le Tout-Paris mondain, littéraire, artistique. Grâce à des portes de communication, les deux hôtels n'en faisaient qu'un. L'un d'eux avait un locataire, homme à « la coule » aussi, lui qui acceptait d'être exproprié de sa chambre à coucher toute une nuit et même une partie de la matinée et allait dormir autre part. Car ces fêtes-là n'étaient pas de celles où l'on ne fait qu'entrer et sortir sans pourtant qu'on y ait levé le pied à la hauteur des tableaux du XVIIIe siècle, quelques-uns authentiques, accrochés de droite et de gauche le long des grands salons en enfilade. L'attrait du masque et des bêtises à dire dessous suppléait à celui de la danse, même échevelée.

Une brillante redoute a été donnée également vers 1866 ou 1867 chez le comte d'Osmond, viveur très brillant, à la physionomie ouverte, très fier de sa barbe à la Henri IV. Il avait eu une grande fortune qu'il ébrécha, mais pas au point d'être réduit à compter, pour vivre, sur les recettes de son opéra : *Le Partisan*, qui ne manquait pas, paraît-il, de mérite. Mais voyez ce que c'est d'être un amateur riche : d'Osmond n'a pas accepté de faire des coupures qui, en allégeant la pièce, l'eussent rendue peut-être rémunératrice.

Par ailleurs très brave, il n'avait que deux peurs : le chemin de fer d'abord. Il ne mit jamais le pied dans un wagon et il allait tous les ans dans sa calèche, visiter ses terres d'Autriche. Ensuite sa femme dont il avait été assez vite séparé. Quelques jours avant sa fête, je lui demandai deux invitations pour deux amies. Il me les accorda de très bonne grâce, mais ajouta : « Vous permettrez qu'au vestiaire je prie vos invitées de se démasquer devant moi, ce que je fais du reste pour toutes les autres. Sinon, qu'est-ce qui me garantit que je n'aurais pas ma femme chez moi avec un couteau. »

Je ne me rappelle plus pour quelle cause avait fait jour entre les deux époux une mésintelligence aboutissant à la rupture. Mais d'Osmond avait, paraît-il, des raisons de redouter au moins une explication orageuse.

A cela près, très philosophe. Il supportait le désagrément d'avoir un bras de moins pour cause de chevrotines reçues dans les muscles du coude en chassant la grosse bête, ce qui permit à son ami intime Galliffet de lui faire ce tour de le présenter comme suit à une Altesse Impériale, après la guerre de 1870 : « Mon ami, le comte d'Osmond, qui a perdu un bras à la chasse à courre. »

Mme *Rattazzi.*

Par qui ai-je été introduit auprès de l'ex-comtesse de Solms devenue Mme Rattazzi, petite-fille de Lucien Bonaparte, mais *persona ingrata* aux Tuileries? Je crois que ce fut par Arsène Houssaye, dont c'était le plaisir de collectionner les personnalités féminines à tort ou à raison un peu en marge. Elle avait été jolie et passa pour avoir de l'esprit. Je l'ai connue déjà mûre, sourde comme une pioche, mais ces deux infirmités ne diminuaient pas d'une once son inaltérable confiance en elle-même attestée par un sourire immuable et figé.

Pour une soirée qu'elle donna dans l'hôtel d'Aquila, avenue du Bois de Boulogne, alors de l'Impératrice, elle avait fait envoyer, par qui? des invitations à tout le monde dont moi et deux camarades dont l'un, le féroce plaisantin P... Le long du rez-de-chaussée de l'hôtel trois salons se suivaient; la maîtresse de maison recevait dans le dernier. A côté d'elle un grand valet de chambre italien recueillait les noms des invités pour les transmettre à la princesse. Mes camarades et moi, arrivés de bonne heure, traversons les deux premiers salons vides. L'affreux farceur P... qui nous précédait, arrivé devant la princesse, s'adressa au valet de pied qui répéta après lui : « Il signor de Robespierre et sa souite. »

La princesse nous sourit, bonne sourde, et nous

passâmes le long des autres salons également déserts, tout le monde s'étant rué vers le jardin.

Très animé le jardin. Ses coins et recoins parci-
monieusement éclairés par des lanternes de couleur
favorisaient plus spécialement ce soir-là les femmes
d'âge incertain qui pouvaient avoir du vague à
l'âme. De nombreux invités de tempérament moins
immatériel s'étaient portés vers un petit pavillon au
bout du jardin, l'affreux farceur ayant répandu le
bruit qu'un souper allait être servi, assurant qu'il
avait vu apporter des tables et entendu le cliquetis
des assiettes. Sur quoi il exhortait à la patience et
au piétinement sur place. Lui-même se mêla à la
queue derrière les femmes les plus jeunes, sans
avoir l'air de rien les pressait et s'excusait :
« Désolé, Madame, on est si serré. » Mais il était
seul à s'amuser. A la fin, l'impatience gagna les
plus affamés et ceux du premier rang, donc le plus
près de la porte du pavillon, tentèrent de l'ouvrir.
Comme elle était fermée à clef, ils la secouèrent
d'abord, essayèrent de l'enfoncer. Elle résista.
Alors de sourds grognements grondèrent tout le
long de la queue qui s'était allongée derrière nous,
formidable. Un invité cria : « Je vais voir s'il y a
quelque chose à manger à la cuisine », et il partit.
L'affreux farceur calma de son mieux les jeunes
femmes placées devant lui, en leur parlant à
l'oreille, jusqu'au moment où l'invité qui s'était
porté dans la direction de la cuisine, revint nous
jeter ce bref communiqué : « Rien à bouffer que
trois croûtes de pain rassis. » Tempête de cla-
meurs, débandade générale, rapide retour par les
salons déserts où la Rattazzi, toujours debout, avec
son éternel sourire de sourde inconsciente, nous
donna sa main à baiser. L'affreux farceur, souriant

lui aussi, lui glissa doucement, sûr de n'être entendu que de nous et des domestiques : « Un joli four, chère Princesse, votre petite fête. Croyez-en Robespierre. »

Les dîners en ville.

Je ne mendiais pas les invitations à dîner en ville. C'était le plus souvent pour moi service commandé par les convenances de famille. Non que j'aie le souvenir de menus par quoi j'ai reçu plus qu'un autre ce qu'on appelle aujourd'hui « un coup de fusil », mais que de fois j'ai eu hâte de voir arriver le dessert ! Je vais vous confier pourquoi.

Encadré, vu mon âge, entre deux jeunes filles, je me sentais guetté par un regard que deux mères inquiètes coulaient dans ma direction. Bien à tort. Je ne savais que dire à des voisines qui, après avoir répondu à mes questions scrupuleusement anodines par des « Oui, Monsieur », ou « Non, Monsieur », courbaient la tête sur leur assiette. Était-ce la peur de lâcher les mots pas toujours convenables, usités dans la mauvaise compagnie que nous fréquentions, qui nous retenait ; mais le mauvais sujet était alors plus respectueux dans son langage comme dans son maintien pour la jeune fille que le bon jeune homme. Aussi quelle gêne pour nous tout le temps du repas. Et quelle hâte, une fois la serviette laissée sur la table, d'aller courir vers les boudoirs poudrerizés, pour finir la soirée là où Théodore de Banville nous avait prévenu que

Les demoiselles chez Ozy
Ménées
Restent étrangères aux Hy-
Ménées.

Un souper dans la salle des spectacles au château de Versailles.

Cliché Tallandier

Certes il y eut d'heureuses exceptions parmi les mamans d'alors. Mais qui de nous ne s'est pas amusé devant un dessin de Cham, de cette réponse faite à un jeune mari étonné de ce qu'un portefaix qu'il n'a jamais vu, lui demande des étrennes :

« C'est moi qui cire l'escalier de votre belle-mère. »

CHAPITRE III

L'HOMME DU MONDE

L'homme du monde.

D'une façon générale l'homme du monde pouvait beaucoup plus qu'aujourd'hui consacrer un certain nombre d'heures à ce que M. Prudhomme n'était pas seul à nommer des « futilités ». D'abord, à l'heure présente, la gestion d'une fortune étant chose moins compliquée qu'au temps des stabilisations, on ne passait pas des heures sur une cote de bourse.

D'autre part, on en prenait à son aise avec la culture physique. On ignorait le football et le tennis. On ne montait guère à cheval que l'après-midi. Est-ce également parce que le *fencing* avait cessé d'être à la mode en Angleterre que trop peu de jeunes mondains fréquentaient les salles de ces maîtres d'armes renommés qui s'appelaient : Ber-

trand, Robert et Gatechair (quel beau nom pour
un maître d'armes !), Miniague, Mérignac père.
Caderousse n'avait pas, je crois bien, tenu une épée
quand il tua en duel le journaliste sportif Dillon.

On mettait donc plus de temps qu'aujourd'hui à
sa toilette. Et même il y avait d'autres coquets que
les cocodès et les gandins. Un simple étudiant,
Marius, chantait à Cosette dans *Les Misérables :*

> Vous rappelez-vous notre douce vie,
> Lorsque nous étions si jeunes tous deux,
> Et que nous n'avions au cœur d'autre envie
> Que d'être *bien mis* et d'être amoureux ?

A coup sûr, les gens de « la Haute » n'en étaient
plus, comme au temps de Brantôme, à se parer de
rubans et à se coiffer de perruques du dernier bel
air dont on a dit « qu'ils portaient une ferme » sur
leurs épaules, mais ils s'occupaient de se faire
valoir. On y pensait dès le matin dans sa robe de
chambre, si confortable, au coin d'un feu de bois,
par les mois noirs, tout en feuilletant *Le Sport, La
Vie parisienne,* et, malgré cela, l'évolution de la toilette masculine n'a guère été inventive. Voici le peu
que j'en puis dire. Quand j'étais tout jeune, la redingote et l'habit noir se boutonnaient étroitement. La
jaquette sembla quelque temps moins habillée que la
redingote. Enfin le veston, encore plus familier, vint
dans les dernières années de l'Empire offrir aux gens
qui ne savent que faire de leurs mains l'avantage de
pouvoir les mettre dans ses poches comme avec le
smoking aujourd'hui. Je n'ai jamais porté le col
évasé louis-philippotard où le cou s'engonça solennellement, mais le col droit et raide aux bords
qui piquent le cou, ce qui fit adopter le col cassé.
Seuls les cous courts restèrent fidèles au col

rabattu. Pour ce qui est de la chaussure, vingt-cinq ans. auparavant, Musset avait salué lyriquement la date précise où nos compatriotes

> Enfin jusqu'à mi-jambe ont relevé leurs bottes
> Et ramenant au vrai tout un siècle enhardi,
> Dégagé du maillot le mollet du dandy.

Brasseur père encore de mon temps chanta sur un air d'opérette :

> C'est la botte
> Qui dénote
> L'homme vraiment élégant.

Mais la botte et sa fidèle compagne, la badine, cessa peu à peu d'être citadine pour se consacrer exclusivement à la chasse et au cheval. Il n'y eut plus que la chanson populaire pour nous corner aux oreilles : « Tiens, tiens, tiens, il a des bottes, Bastien... » Le cordonnier Sakoski fit surtout fortune avec des bottines et des souliers coûtant trente-cinq à quarante francs au plus : temps béni ignorant la si vaine consolation du coefficient !

Vers 1865, en ce qui concerne les gants, une mode s'introduisit, non encore périmée, de les garder serrés, afin de prouver aux populations (moi je trouve cela bizarre) qu'on a de quoi s'en payer une paire sans l'employer.

Le tuyau de poêle resta longtemps aussi monumental que du temps de Gavarni. Peu à peu, il daigna s'abaisser de quelques millimètres. Mais on n'admit pas à Paris, dans le jour, le chapeau rond. Monter à cheval sans le haut de forme, qu'on ne voit plus guère aujourd'hui qu'aux courses, était absolument incorrect. Quant au couvre-chef pour bal ou dîner dénommé *gibus* du nom de son inventeur, et familièrement *claque*, il était bien grotesque à son origine, du moins avec son ampleur et aussi les plis qu'il formait et qui semblaient autant de rides. Mais il offrait l'avantage de donner à une danseuse la faculté de pouvoir s'asseoir dessus sans douleur pour son propriétaire.

Dans l'ensemble nous étions moins voyants que nos aînés du perron de Torton. J'ai entendu traiter de « rasta » l'épingle de cravate de grand prix. Les richards payaient deux francs par séance le coiffeur qui venait chez eux le matin. Ma bande se faisait friser pour soixante-quinze centimes, sur le boulevard, y compris le cosmétique pour lisser et maintenir les cheveux disciplinés... Dire que j'ai porté des bandeaux à la Capoul » !

Cercles.

A propos du Jockey un de ses membres, mon contemporain, le regretté La Redorte, m'a écrit :

« Sous le Second Empire, la danse fut très en honneur à l'Opéra de la rue Le Pelletier. On y donnait des ballets en cinq actes tenant toute la représentation : *Le Corsaire,* par exemple, *Le Cheval de Bronze,* et la danseuse en renom de l'époque fut la Rosati, très belle personne, jambes superbes. Elle eut, pendant dix ans, un grand succès. »

Le Jockey-Club (à l'époque, rue de Grammont) était très amateur de ballets et surtout de danseuses : il y avait une loge d'avant-scène au rez-de-chaussée, appelée Loge Infernale, où trônaient Daru, Montguyon, Delamarre. Il était de bon ton, dans ce temps-là, de « protéger » une danseuse. Un jeune homme qui débutait dans le monde se faisait un sérieux renom par là, comme aujourd'hui avec une écurie de course.

Une beauté de ce temps-là fut Eugénie Fiocre. Rarement on a vu une plus jolie fille et mieux faite. Notez qu'elle dansait très mal et qu'on avait toutes les peines du monde à lui trouver un travesti qui mît en valeur son corps d'une beauté exceptionnelle. Elle eut de nombreuses aventures et finit par épouser un gentilhomme campagnard.

La Rosati brilla pendant de nombreuses années, puis disparut. Quelque vingt ans plus tard, passant sur la route de Cannes à Antibes, je vis un joli jardin avec de belles mandarines. Je sonnai et demandai si on pouvait me vendre des oranges :

— Mais oui, Monsieur, me répond une vieille paysanne.

Et tandis qu'elle cueille les fruits, cette bonne femme me regarde en riant et me dit :

— Vous ne me reconnaissez pas, Monsieur, vous m'avez pourtant bien applaudie à l'Opéra.

C'était la Rosati venue dans le Midi, après ses succès, ayant acheté cette « Villa des Roses » et n'en ayant pas bougé depuis, philosophiquement.

Les Cercles.

On allait beaucoup à son cercle, quitte à ne faire qu'y passer. Le Jockey-Club (je crois bien qu'il en est de même aujourd'hui) n'était guère fréquenté quotidiennement que par les amateurs de courses auxquels un salon est réservé, la majorité des membres n'y mettant guère les pieds que pour les jours de vote, et encore. Mais cette abstention ne nuisit pas à son recrutement. Déjà avant la guerre de 1870 les nombreuses morts héroïques inscrites à son tableau d'honneur le popularisèrent dans toutes les classes ; les notaires de Paris disaient couramment : « D'être du Jockey vaut deux cent mille francs de plus dans une corbeille. »

Le recrutement du Jockey, comme du reste de tous les cercles élégants, s'opérait toujours sans heurts. De sages règlements à cheval sur les bienséances mettaient de l'huile dans tous les gonds, et entre gens de bonne compagnie il n'y eut jamais de froissement sérieux, tous étant séparés à peu près par des nuances pour cette damnée politique. Dans le cercle de la rue Scribe, alors encore rue de Grammont, le parti républicain n'y fut pour rien. Il n'y avait en tout et pour tout au cercle qu'un républicain, un excentrique dont je reparlerai, le comte d'Alton Schlee. Quant au maréchal Bosquet qui avait bien voté contre le 2 décembre, et que le Jockey avait élu pour ainsi dire par acclamations après sa belle conduite en Crimée, il n'était plus un opposant à l'Empire. C'est pour le recrutement peut-être monarchiste que parfois l'union sacrée ne « joua » pas. Des bonapartistes dont les candidats avaient échoué par le fait des royalistes passèrent pour avoir ajourné par leurs boules noires Charette, le héros de Loigny ; je n'en crois rien.

Le cercle de la rue Royale, au coin de la rue Royale et de la place de la Concorde, hôtel Coislin, un des superbes immeubles bâtis par Gabriel, fut fondé en 1856, après avoir été connu sous le nom de « Moutard » ou « Petit Club ». Ses présidents furent : le comte Maxence de Damas, le duc de Lesparre, le comte de La Redorte, le prince de Ligne, le général de Biré, le duc de La Trémoïlle et enfin le prince Murat actuel qui fut le dernier président. Ce cercle, d'une rare élégance, connut la prospérité pendant tout le Second Empire. Chacun sait qu'on le retrouve aujourd'hui fusionné avec l'Agricole sous le nom de Nouveau Cercle.

Des notabilités bonapartistes eurent l'idée assez naturelle de fonder un cercle pour être entre eux. Et c'est ainsi que l' « Impérial » mit la main sur l'admirable emplacement occupé aujourd'hui par l'Union Artistique, au coin de la rue Boissy-d'Anglas et de l'avenue Gabriel, dans l'hôtel de ce fameux gourmand, Grimod de La Reynerie, qui donnait avec tant de sens son avis sur la superstition en matière culinaire : « Je ne redoute d'être treize à table que s'il n'y a à manger que pour douze, et les salières renversées me laissent froid sauf si elles tombent dans un bon plat. »

Le Cercle Impérial, ayant à sa tête le prince Murat, fils du grand Murat, et qu'on appelait familièrement « le roi », prospéra jusqu'au 4 septembre. Il se défendit même au delà.

Très bien composé aussi l'*Agricole*, en dépit de son modeste surnom de *Pommes de Terre*, principalement recruté parmi les gentilshommes terriens.

L'*Union Artistique* était alors, après avoir quitté la rue de Choiseul, place Vendôme. Le comte d'Osmond a présidé avec une aimable désinvolture cette réunion de gens du monde et artistes qui ont toujours vécu en parfait accord sous toutes les présidences.

Le *Sporting Club*, qui s'installa place de l'Opéra dans le coin le plus « parisiennant », a été fondé par des Angevins et des Bretons qui ont tenu à rester, chez nous, de leur province. Les « Gars de l'Ouest », comme ils s'appelaient eux-mêmes, apportaient dans leurs relations avec les jeunes Parisiens une rondeur

Cliché Disderi

La comtesse de MORNY

Cliché Gaudin

Le duc de MORNY

bon enfant qui fut goûtée. La pose en était bannie au point que le duc de Fitz-James présida un jour d'été son comité qui, à son exemple, se mit en manches de chemise. Les « Gars de l'Ouest » eurent un glorieux pourcentage de morts et de blessés dans la guerre de 1870, comme plus tard dans la Guerre mondiale.

Le *Cercle Malesherbes* comptait de nombreux représentants de la haute bourgeoisie. Il mérita son surnom de « Cercle des Rosières », car il ne fit pas parler de lui.

Les brillants causeurs dans les cercles qui apportaient également beaucoup d'agrément dans le monde, ont été nombreux en ces temps de gaîté et de belle humeur. Rappellerai-je leurs noms? Tous, malheureusement, n'ont pas bu l'élixir de longue vie qui a laissé alerte d'esprit et de cœur le marquis de Modène, et d'autres peut-être que j'omets qui ont sûrement assez d'esprit pour excuser la carence de ma mémoire. Ceux-là se souviennent des marquis de Ganay et du Lau, de Charles Haas, de M. de La Tour Maubourg, de Cormenin, du comte de Flavigny, le diplomate, de Charles Duperré, le plus boute-en-train des amiraux, du marquis de Rougé et du baron de Heeckeren.

Quel fut le prince des élégances? Il n'y en eut pas. Libre aux Anglais de se faire les esclaves d'un Brunnel et même du français d'Orsay. Ni Caderousse, ni Sagan lui-même n'ont ambitionné ce sceptre, peut-être parce que le suffrage des femmes ne le conférait pas. Morny l'aurait eu, justement parce que les aimant fort, elles l'admiraient de ne pas se laisser envoûter par elles. Dès l'âge même de toutes les fougues, s'il fut infidèle à « la niche à Fidèle », dans la nuit du 2 décembre, ce fut à l'appel du frère qui devait lui témoigner sa reconnaissance en lui permettant de mettre un hortensia dans ses armes. Sans doute, il fut homme à femmes, mais à ses heures, au théâtre si l'on y donnait un ballet, dans son fauteuil au Palais Bourbon, où sa lorgnette se braquait de temps en temps sur les belles habituées des tribunes. Simples délassements de l'œil encore un coup. La politique fut sinon sa seule, du moins sa maîtresse la plus absorbante. Au point que, s'il n'eut pas le souci d'être l'arbitre de la mode, il le fut sans peut-être s'en douter le jour où il refusa de se laisser poser une perruque sur son front qui se dégarnissait et où ce fut chic le lendemain de n'avoir plus de cheveux sur la tête.

Les belles ne lui causèrent, je crois, qu'un ennui dont il se tira vite. D'une liaison passagère avec une jeune femme mariée, il eut un fils auquel il fallut trouver une mère, la véritable ayant tout juste pu dissimuler son état au mari; Morny, s'étant assuré les complicités nécessaires, alla tout droit avec l'enfant chez une vieille amie mariée qu'il savait assez dévouée pour accepter, avec le consentement de son époux, d'être la mère adoptive. Il était temps du reste; Morny mourut à peu de temps de là.

Bien des gens ayant le goût de l'histoire sont surpris que la vie si romantique de cet homme n'ait pas tenté un écrivain d'observation[1]. Il est toujours temps, à condition que, pour camper son héros dans l'ambiance qui sied, l'écrivain commence par lire *L'Immortel* d'Alphonse Daudet, ce visionnaire qui fut, on le sait, le secrétaire de Morny.

---

1. Ces lignes étaient écrites bien avant l'apparition de *Morny* et de *Marcel Boulanger*, très bon livre.

Les Anglomanes.

L'homme du monde voyageait peu, même pendant la belle saison. A l'Est, les piliers de la Salle de Restauration à Bade étaient ses colonnes d'Hercule. Au Nord, le but final de ses déplacements fut le champ de courses d'Epsom ou d'Ascott. Seuls quinze ou vingt fanatiques passaient à Londres toute la *season* et au delà que sur le boulevard. Nous les appelions les « British », synonyme d'anglomanes.

Ils étaient quelquefois amusants dans leur manie. Exemple celui qui, un jour, ayant bu un vin inférieur dans un restaurant quelconque, déclara qu'il ne dînerait plus qu'au Café Anglais parce qu' « il n'y a que là qu'il y a du bon *claret* ». J'ai apprécié aussi l'insistance avec laquelle Janzé retroussait son pantalon pendant tout un mois de temps sec, ce qui lui fit dire par Chanu : « Il pleut donc à Londres? » Mais celui qui a eu le pompon comme « britishanu » aura été le vicomte Talon qui, dans une maison bien pensante où l'on déplorait les malheurs de la Papauté, opina : « On devrait envoyer à Rome un bon *clergyman*. » Une autre fois, Talon eut la fantaisie de s'habiller en *lad* pour faire les honneurs de son écurie à un mylord dont il n'était pas connu. Celui-ci lui donna comme pourboire une guinée qu'il fit encadrer au-dessus de ses portraits de famille, les grands parlementaires émules des Lamoignon et des Molé.

Les Suiveurs.

Jeunes gens, voulez-vous savoir l'usage audacieux qu'ont fait du *footing* quelques-uns de nos mondains? Abusant de ce que les femmes sortant seules contrairement aux usages reçus semblaient par là plutôt abordables, ils emboîtaient le pas derrière elles et ne craignaient pas de leur parler. L'un d'eux, que j'ai connu à un moment donné, dépassait la femme de quelques pas, puis, se retournant, poliment : « Madame, disait-il, il me semble que vous me suivez? » Cette entrée en matière lui a rapporté quelquefois un petit profit, mais d'autres fois aussi une bonne gifle et alors c'étaient les passants qui suivaient le suiveur pour rire de lui.

Les Soupeurs gais.

Les deux soupeurs qui m'ont le plus amusé, un peu parce qu'ils étaient plus rares, leurs fonctions les retenant une grande partie de l'année, l'un loin de Paris, l'autre de la France, encore plus parce qu'ils étaient supérieurement drôles, ont été Janvier de La Motte et Charles de Fitz-James.

C'était généralement moi qui avais la bonne fortune d'amener Janvier à souper après une soirée chez sa mère, Mme Perrot, qui vivait avec sa fille, la baronne Lepic, deux des femmes les plus intelligentes et les plus agréables que j'aie connues.

Janvier demandait gentiment : « Maman, tu permets que je m'en aille avec Jollivet? Il va m'accompagner jusqu'au ministère de l'Intérieur?

— Va, mauvais sujet », disait en souriant Mme Perrot, qui n'était pas dupe.

Vous jugez si à souper on lui faisait raconter les frasques qui l'ont rendu célèbre; par exemple l'histoire de sa dépêche envoyée de la préfecture d'Évreux à une intermédiaire parisienne complaisante : « Expédiez-moi trois langoustes », autrement dit, trois demoiselles qui n'étaient pas de Caen.

Et ses mémorables tournées de révision, ses apostrophes directes à tel ou tel électeur sur la place de la Mairie.

— Dis donc, Romaru, c'est bien toi qui t'es marié l'année dernière?

— Oui, Monsieur le Préfet, disait l'interpellé déjà épanoui d'être reconnu devant toute la population de la commune rassemblée.

— Eh bien! qu'est-ce que tu as comme enfants depuis le temps?

— Rien encore, Monsieur le Préfet, avouait Romaru légèrement confus.

Janvier devenait grave :

— Pas d'enfant! Écoute bien. Si tu n'en as pas, mâle ou femelle, quand je reviendrai l'an prochain, je me charge de t'en faire!

Et Romaru de rire, et Mme Romaru aussi; et toute la commune de crier des : « Vive Monsieur le Préfet! Vive l'Empereur! » à ébranler le clocher de l'église.

Charles de Fitz-James, un lieutenant de vaisseau très à son affaire à bord, mais également au cours de ses « bordées », était impayable entre minuit et cinq heures du matin, dans un cabinet de restaurant encadré entre deux femmes sensibles.

Un de ses effets de cabotin était de faire croire à sa voisine de gauche ou de droite, quelquefois aux deux, qu'elle lui avait donné le coup de foudre. Alors commençait un manège astucieux. Fitz-James n'attendait pas l'entrée de poisson, pour sortir des roulements d'yeux de carpe enamourés, des coulées de regards sombres précédant des récits de carrière impressionnants, énumérant les dangers du métier,

la fièvre jaune, les flèches des sauvages, les contacts
brusques avec les requins des divers océans. Peu à
peu, les vins et les liqueurs aidant, la voix se faisait
si câline, si prenante que les deux voisines, attendries
dans les fibres les plus secrètes, se retrouvaient
chacune sur un de ses genoux, lui enroulant les
bras autour du cou, ou c'était le contraire. Vautré,
à leurs pieds, Fitz-James soupirait après ou avant
Verlaine :

> Entre vos jeunes seins laisser rouler ma tête,
> Toute sonore encor de vos derniers baisers...

Une fois relevé, c'étaient des larmes silencieuses
coulant une à une dans le champagne, puis ses dix
doigts rongés en même temps à la pensée qu'on
allait ne plus se revoir, car enfin il partait demain,
le pauvre bougre, pour rejoindre son bateau, à
Brest ou à Toulon. Enfin c'était l'adieu suprême,
le serment d'écrire à toutes les escales, les sanglots
courageusement contenus devant le monde mais, à la
sortie du cabinet, prolongés jusqu'au vestiaire,
jusqu'à la voiture... Et quelles étreintes sur le
marchepied !

« En voilà un qui a du cœur! proclamaient
même les plus *filles de marbre*. Il nous a fait
promettre de venir l'embrasser à la gare à huit
heures du matin. Tant pis... nos amants se brosse-
ront... » Et elles couraient au rendez-vous et elles
trouvaient dans la gare des voyageurs, des employés,
des commissionnaires, jamais de Fitz-James. Fitz-
James avait donné de fausses heures dans de faux
embarcadères et, tout seul, dans son wagon, il
s'accommodait de son mieux pour le sommeil sans
chercher à supputer combien de fois, à cette même
heure, il était appelé mufle par les naïves enfants

dont la veille il s'était payé la bobine pour faire
rigoler des camarades.

*
* *

Où et comment femmes du monde et hommes du
monde fusionnaient-ils en dehors des endroits où ils
étaient strictement entre eux, un salon, une salle à
manger, des marches d'église à la sortie de Saint-
Thomas d'Aquin, Sainte-Clotilde, la Madeleine,
de Saint-Augustin qui venait de s'édifier, Saint-Phi-
lippe du Roule, Saint-Pierre de Chaillot, et surtout
Saint-Honoré d'Eylau, encore presque église campagne?

D'abord au théâtre, le soir. Les matinées étaient
alors dans l'enfance. L'après-midi les courses, simplement hebdomadaires.

CHAPITRE IV

LE JEU

Sans remonter jusqu'aux années si révolues pour moi où, entre deux parties de toupie, le mauvais joueur que j'étais courait gémissant se fourrer sous la table quand il avait perdu deux sous à la bataille, je me rappelle avoir débuté comme joueur, mon Dieu que c'est donc loin! par la bouillotte et le lansquenet.

La bouillotte c'est à peu près le poker en plus amusant parce que moins compliqué. Le lansquenet, lui, était purement inepte, ne serait-ce que parce qu'il conférait un avantage scandaleux au banquier. Aussi le baccara a été pour lui, ou plutôt contre lui, ce que fut le chemin de fer en face de la diligence, la lampe à gaz dressée devant le quinquet. En moins d'un an il avait accaparé tous les tapis

verts des cercles et des tripots, toutes les tables
des restaurants et des cafés, avec cette seule res-
triction qu'il ne devait pas y avoir de pièces de
monnaie visibles sur la table, car la police de
Piétri ou de Boitelle ne badinait pas.

Mais qu'arriva-t-il? Cette obligation força dange-
reusement les enjeux. On joue plus cher quand le
gagnant reçoit en paiement des bons revêtus de
signatures et plus cher encore si on joue simplement
sur parole. De là des « culottes » disproportionnées
aux ressources, et pesant quelquefois, dans l'armée
notamment, sur toute la vie du perdant.

Cette vérité m'a paru lumineuse au restaurant
Foyot où nous étions quelques-uns attablés à l'heure
où Colmet-d'Aage et Vautrin et d'autre part, Trousseau et Velpeau dans leurs chaires respectives
enseignaient les uns le droit et, les autres la médecine. Tout de suite le baccara, surtout tournant,
confisqua nos après-midi. Nous disposions d'une
petite pièce bien à nous, formée par un paravent,
ce qui nous permettait, grâce aussi à l'indulgence
du patron et aux pourboires donnés aux garçons,
de jouer « éclairé » sinon des billets de banque, au
moins des pièces d'argent et même des louis.

Or un jour les gagnants venaient de faire Charlemagne et, la partie étant finie, nous allions nous
séparer. Seul Gabriel Labordère, auditeur à la Cour
des Comptes, resté encore assis, maniant machinalement les cartes du baccara délaissé fut interpellé :

— Qu'est-ce que tu fais là, espèce d'idiot? lui
crie Félix de G..., notre benjamin, candidat à cette
même Cour des Comptes et qui se préparait à
l'examen des finances de l'État par de fortes
brèches aux siennes. Labordère ne lui répond pas
et continue à manœuvrer ses cartes.

A ce moment un garçon vient réclamer à Félix de G..., qui va s'en aller, cinquante centimes pour un cahier de papier à cigarettes.

— Je te joue tes dix sous, dit Labordère à G..., en s'arrêtant de remuer le carton.

— Ça va.

— Coupe.

G... perd les dix sous, joue les vingt, perd encore et de quitte ou double en quitte ou double, une passe prodigieuse de quinze coups (Labordère tenant toujours) porte le dernier enjeu à trois mille francs. Une jolie culotte pour un mineur. La galerie, dont j'étais, regarde avec une crainte compatissante G... retirer son chapeau, s'asseoir.... Un silence, puis Labordère :

— Fais-tu les trois mille?

... Nous sommes émus. On se rapproche... G..., avec un tremblement dans la voix, faiblement articule : « Je les fais. »

Silence. Nos cœurs battent très fort.

Labordère tranquille propose :

— Qu'est-ce que tu dirais si je levais la banque?

Nous entendons à peine soupirer cette réponse :

— C'est ton droit.

Alors Labordère dressé debout éclate :

— Imbécile! tu ne vois donc pas que je te vole depuis un quart d'heure, avec les cartes que je venais de préparer et que je te battais sous le nez. Un faiseur de tours m'a appris le truc hier. J'étrenne avec toi.

Et montrant ce qui restait de cartes inutilisées :

— Il y a encore là quatre coups de bons pour moi. Si tu veux continuer, calcule avant ce que tu me devrais, bougre d'idiot!

G... lui sauta au cou, en sanglotant.

Il... ne joua plus sur parole, mais, ayant hérité à sa majorité, il entra dans des cercles où les crédits sont très élevés. La déveine aidant, il est mort, encore jeune, ruiné.

Labordère aussi, son sauveur.

J'ai joué aussi de temps en temps la nuit dans un cabinet de la Maison d'Or. Les patrons, bons princes, fermaient les yeux étant, paraît-il, joueurs eux-mêmes, ce qui crée de l'union sacrée. Ceux d'entre nous qui n'étaient d'aucun cercle encore, moi tout le premier, s'arrêtaient de jouer au moment où entraient les camarades venant pour se refaire si possible, à notre modeste partie, des abattages de neuf et de huit rue Royale, au Sporting, aux Mirlitons. En tête Raymond de Borrelli entre deux permissions de son régiment : Borrelli qui avait pour nous le prestige de sa brillante conduite dans la campagne d'Italie, d'un talent de poète de guerre et d'amour, déjà connu des délicats, avait en outre le grand chic de supporter héroïquement sa guigne phénoménale au jeu.

Ceux d'entre nous, à la Maison d'Or, qui ne pouvaient se résigner à aller se coucher en perte ou en gain n'avaient qu'à monter un étage pour tailler ou ponter dans ce que l'on appelle par euphémisme un cercle ouvert dont les salons étaient pleins toute la nuit. Les décavés de longue date, à peu près sans domicile y ronflaient sur les canapés. De l'aveu même des perdants on y faisait assez peu de poussette, la surveillance étant, par crainte de la justice, organisée avec les précautions compréhensibles. J'ajoute que tant à ce tripot au-dessus de la Maison d'Or, qu'au d'Aguesseau ou chez Bigi, il fallait un simulacre de présentation pour être admis comme banquier ou ponté.

Mais d'autres « claque-dents » ne faisaient pas longtemps des manières pour introduire un candidat au baccara.

Un soir deux jeunes gens du meilleur monde, légèrement pris de boisson, correctement mis, se dirigent tout de go vers le salon. Un gérant les arrête.

— Que désirent ces messieurs?

Réponse brève :

— Jouer.

Petit silence, suivi de la question :

— Ces messieurs veulent-ils au moins donner leurs noms?

— Jamais de la vie!

— Allons, entrez, mauvaises têtes!

*
* *

Un mot des cercles chics au point de vue jeu.

Rien à dire de l'Union et de l'Agricole voués presque exclusivement au whist à quatre.

Le Jockey, m'a écrit La Redorte qui en était, pratiquait rarement le baccara, un peu plus le quinze et généralement le whist à quatre, volontiers à un louis le point. Mais quand le vicomte Daru, le baron de Val de Guimont, habiles joueurs, gagnaient la forte somme au whist, c'était souvent pour aller la perdre au baccara de la rue Royale.

Là, c'était la partie folle. Les gains et les pertes, à ce que me rappelle un survivant, de 500.000 francs, après le dîner et le théâtre, n'étaient pas rares. Le baron de Plancy, aussi hardi qu'heureux, gagna, une nuit, 980.000 francs et déclara qu'il s'arrêterait au million. Il perdit dans la même nuit tout son gain en tenant la banque et ne joua plus de quinze jours.

L'octogénaire comte Delamarre était d'un dixième dans cette banque. Quand le lendemain il vint à la caisse et demanda ce qu'il avait fait : « Vous perdez cinquante mille francs », lui dit-on. « Hein? » répondit ce sage, et ce fut tout.

Les parties les plus célèbres de l'époque furent des duels au piquet entre Plancy, déjà nommé, et Khalil Bey. Plancy jouait cent francs le point et Khalil Bey acceptait tous les paris. Un soir où il joua deux cent cinquante francs le point, Plancy en perdit deux mille, soit cinq cent mille francs. Pas mal pour un « jeu de commerce ! »

Narichkine avait la spécialité de « la faire » à l'indifférence. Une nuit, allongé sur un canapé, il entend prononcer : « Banque ouverte ! » lance de sa place : « Banco ! » prie languissamment quelqu'un de voir le coup pour lui et se rendort ou fait semblant.

A l'Union Artistique dénommée *Mirlitons*, alors rue de Choiseul, Daniel Wilson, le plus gros joueur, était par surcroît fastueux. Le futur gendre de Grévy donnait de temps en temps chez Voisin des dîners où chaque femme trouvait sous sa serviette un billet de cinq cents francs destiné au lansquenet ou au baccara de l'après dessert. Quelques-unes, les fourmis, prétextant une subite indisposition ou une visite à leur pauvre mère, filaient avant l'arrivée des jeux de cartes. Les cigales, une fois leur vingt-cinq louis raflés, « tapaient » Wilson qui se laissait faire le plus souvent et ainsi il y avait de la joie pour tout le monde.

Mon ami Georges M... a corsé sûrement le tribut que les cocottes prélevaient sur Wilson qu'il eut pour parrain aux Mirlitons. Le soir de la réception, la présentation du nouvel élu aux membres une fois terminée, aucun valet de pied n'ayant encore annoncé dans les salons le traditionnel : « Il y a cinquante, cent, deux cents louis, etc., en banque », Wilson proposa à mon ami un écarté, lui gagna son crédit de cinq mille francs, plus trente mille francs sur parole qu'il lui réclama dans les trois jours. La famille de M... paya à la condition que le fils prodigue donnât sa démission du cercle. Georges M... qui avait de l'esprit, dans le mot où il s'acquittait de sa dette, appela Wilson : « Mon *cher* parrain » et ne le revit plus...

J'ai eu vent comme tout le monde d'incorrections hélas ! inévitables, mais on citait rarement des noms. Le plus souvent c'étaient des histoires de poucette. Tel banquier en déveine depuis quelques semaines, las de payer des mises glissées après coup, faisait au commissaire des jeux, des confidences confirmées par la galerie, à la suite de quoi, le pousseur se laissait pousser vers la porte. Avant tout pas de scandale, même si, ce qui était plus grave, il s'agissait d'une portée introduite dans un dizain par un joueur alléguant qu'il avait eu une distraction. Le comité demandait avec beaucoup de détours la démission, si bien que le congédié payant quelquefois d'audace devant des camarades rencontrés dans la rue donnait à son départ du cercle un motif plausible. Dans le doute, on ne le coupait pas. J'ai connu deux de ces « exécutés » qui ayant été insuffisamment dénoncés comme indésirables ont, à six mois de distance, épousé chacun une Américaine multi-millionnaire.

Les victimes elles-mêmes n'étaient pas féroces : « J'aime mieux jouer, disait le vieux comte Delamarre déjà nommé, avec un filou qu'avec un veinard. Au moins le premier me laisse gagner quelquefois. »

Georges de la B... était de cette école indulgente.
Ce n'est pas lui-même, c'est une galerie indignée
qui, le voyant volé par trop ouvertement dans un
casino de ville d'eaux, alla chercher la police. Le
brouhaha produit par l'événement fit qu'on eut l'imprudence d'enfermer à clef dans la salle de jeu
ensemble le volé et le voleur. Au bout de quelque
temps, Georges de la B... se tourne vers ce dernier,
prend un jeu de piquet, le bat et lui dit :

— Ce n'est pas tout ça. Vous me devez ma revanche. A qui la donne ?

Quand le commissaire mit la main au collet du
drôle, celui-ci allait emporter vingt louis qu'il avait
gagnés peut-être honnêtement à son volé.

Quiconque a peu ou prou remué des cartes de
baccara reconnaît que les réflexions émises au cours
de la partie sont d'une banalité plutôt monotone :
« J'en prends une... En cartes... Nous ne sommes
pas payés, à gauche, etc... » Au moins de mon temps,
dans les haltes et repos, surtout la nuit, il y avait de
la détente autour des petites tables où l'on avalait
un morceau de jambon. A ce moment précis, les
jeunes joueurs aimaient à faire causer le comte
Delamarre. Une nuit où il s'était laissé aller à des
souvenirs de la campagne de Russie, quelqu'un
lui demanda s'il avait jamais parlé à Napoléon.

Sur sa réponse affirmative, les curieux se pres-
sant autour de lui il raconta :

« Nous étions devant la Bérésina. Le maréchal
Oudinot, dont j'étais l'officier d'ordonnance, me fit
venir de grand matin et vivement :

— Allez dire à Sa Majesté que les ponts sont
coupés.

« Ni une ni deux, je cours à la tente de l'Empereur. On m'annonce. L'Empereur se lève à moitié

sur son lit de camp. Je vois encore son serre-tête.

— Qu'est-ce que vous me voulez, lieutenant?

— Sire, je viens de la part du maréchal, annoncer à Votre Majesté que les ponts sont coupés.

— Qu'est-ce qu'a dit l'Empereur? s'écria d'une seule voix le petit groupe attendant la parole géniale, épique, définitive. Le vieux comte ne fit pas languir son monde.

— Il a dit : « Eh bien! comment allons-nous pouvoir passer? »

*
* *

Où ai-je joué en dehors de Foyot et de la Maison d'Or? Rarement dans les salons bourgeois où je fuyais l'inoffensif misti (lisez Trente et un). Plus souvent chez un camarade ayant une maison montée, l'heureux mortel! J'ai appris chez F... la marche du whist de Metz, le successeur et remplaçant du whist à quatre. Il me souvient que la séance dura de minuit à deux heures de l'après-midi le lendemain, sans arrêt, sauf le temps sur place de souper, de prendre son chocolat le matin et, avant de nous séparer, de déjeuner. D'autres amis m'initièrent chez eux aux jeux de hasard, plus dangereux que le whist, plus simples, par là plus à la portée, à l'intelligence des petites dames invitées. La soirée se muait alors en une aimable petite fête suivie de promesses de se revoir chez telle ou telle. Par malheur ces jeunes personnes recevaient professionnellement parfois de louches aventuriers de tous les pays. C'est ainsi que chez la célèbre Julia Barucci, deux Espagnols mal famés, G... et C..., furent expédiés hors du salon avec coups de pied au bas du dos par Caderousse qui

Le comte de SANDOR
d'après une gravure de l'époque.

Cliché Tallandier

les avait pris en flagrant délit de tricherie. Un des joueurs les plus volés ce soir-là, Angel de Miranda, Espagnol également, devenu plus tard journaliste au *Gaulois,* parlait de cette aventure avec l'amertume du patriote peu fier de deux des siens.

A quelque temps de là je me trouvais, je ne sais plus à quelle occasion, chez une jolie brune, dont je n'ai jamais su même le prénom, avec deux camarades : Emile D... et Chapron. On ne perdit pas le temps en vains propos. Tout de suite le baccara. Vague présentation faite par la dame de trois hommes bronzés dont j'ai retenu les noms mieux que celui de la dame. Ils s'appelaient : Bacquero, Gomez et Pla. A peine étais-je assis à côté de la belle enfant, que mon genou sentit la pression du sien. En même temps, chaque fois que les cartes venaient à moi, elle se penchait amicalement coude contre coude pour voir mon point. J'étais flatté et il me fallut contenir un trouble délicieux pour ne pas refuser des cartes à tort et à travers au banquier qui m'interrogeait.

A six heures du matin on se sépara.

Dehors sur le trottoir, notre trio échangea le : « Qu'est-ce que tu as fait? » traditionnel. Le bilan de Chapron était insignifiant. Moi, j'avais bien décaissé vingt-cinq louis tant à Pla qu'à Gomez, mais Bacquero, d'autre part, m'en devant autant sur parole et m'ayant même signé un papier, je conclus « Affaire blanche. » Chapron cligna un œil sceptique :

— Je ne vois pas d'ici les vingt-cinq louis de Bacquero dans ta poche. Ces gens à noms de cigares ne me disent rien de bon. »

D... jusque-là silencieux éclata :

— Tous trois des filous, ces rastaquouères. Tout le temps que ta voisine était vautrée sur ton jeu, elle faisait des signes à Gomez. Aussi pour celui-là, j'ai mon idée. Je lui paierai les quinze louis que je lui dois sur parole, quand j'aurai causé avec le juge d'instruction.

Et il fit comme il avait dit. Deux jours après sa visite au Palais de Justice le trio avait filé de Paris, nos gens à noms de cigares ayant été signalés à la police comme grecs internationaux. La jeune femme fut relâchée, faute de preuves suffisantes. N'ayant pas été appelé comme témoin, j'ai évité l'humiliation d'avouer devant le juge la diversion que peut exercer la pression d'un genou sur un joueur de baccara.

Soyons équitable. Cette fois-là, je n'eus pas en somme à me plaindre de ma soirée. Rentré chez moi, j'ai été réveillé avant midi par les vingt-cinq louis de Bacquero. Certes, en me payant, le gaillard espérait bien se rattraper, et au delà, une autre nuit sur moi. Mais dans le fait c'est lui qui a été volé.

Dans les villes d'eaux.

Au printemps de 1866 un vieux viveur très respectable, tint devant moi ce langage :

— On peut toujours être mis dedans au baccara. Un ponte, ou simplement un individu sans préjugés debout derrière les joueurs, ayant vu leur jeu, est à même de faire des signes convenus, ne serait-ce qu'en se grattant le bout du nez, désignant leur point à un banquier également sans préjugés qui en profitera pour tirer ou ne pas tirer. Très ingénieux également ce télégraphe entre complices à l'écarté, au poker, etc. Bref les seuls jeux où l'on ait une sécurité complète c'est la roulette et le trente et quarante. Quelle sottise d'avoir fermé le 113 du

Palais-Royal sous Louis-Philippe ! Le banquier de la roulette ou du trente et quarante ne peut pas matériellement tricher, parce qu'en réalité il ne joue pas. Il est simplement un intermédiaire qui prélève une commission légitime sur les enjeux des joueurs.

Le lendemain du jour où j'entendis cette profonde parole, j'étais à Spa. Dès le soir de mon arrivée je courus à la salle de jeu et j'en revins rincé comme un verre à bière. Je reçus assez tard de l'argent de Paris pour régler mon compte partout où j'avais, suivant les rites habituels du pays, trouvé du crédit, et regagnai avec empressement Paris ou Bougival, mon ordinaire villégiature d'été, en me jurant de ne plus remettre les pieds à Spa.

L'année d'après j'y retournais, et notez ceci. Au bout d'une heure de tapis vert il me restait tout juste une pièce de deux sous en nickel dans ma poche. Mais le lendemain j'éprouvai la puissance du crédit. D'avoir payé mes dettes l'année précédente inspirait une telle confiance aux fournisseurs du pays qu'on m'aurait laissé emporter la roulette dans mes bagages.

Pour en finir avec casinos et kursaals, l'hiver suivant, à Monte-Carlo, j'ai eu la chance de rencontrer, à l'hôtel de Paris, un excellent camarade qui était venu demander au climat de la Côte d'Azur la guérison d'une pneumonie mal soignée. Se garant scrupuleusement du jeu pour lui-même il tempéra mes velléités d'emballement en se faisant bénévolement mon caissier. Je lui avais remis mon argent. Il ne me lâchait que cinq louis par jour pour le jeu. Quand je gagnais je lui apportais fidèlement mon gain, mais quand je perdais j'eus beau supplier, crier, injurier, il tint bon jusqu'au jour du départ, où, tous comptes faits, il me resta cinq cents francs net, mes frais d'hôtel payés. Le jeu n'a pas que des tristesses.

Je quittai donc Monte-Carlo sans l'avoir maudit. D'autres faisaient pis que de vitupérer. J'entends encore sur la terrasse au café, pas loin de moi, entre deux gorgées de *cocktails,* sous un ciel étincelant d'étoiles, un homme du midi, développer de noirs projets de vengeance contre la banque. J'ai retenu celui-ci. Par une nuit, celle-là sans lune, des gens guidés par lui, et armés jusqu'aux dents, sauteraient d'une goélette, escaladeraient la colline, envahiraient le casino, se précipiteraient, sur les gardes de nuit, enlèveraient la caisse et refileraient mystérieusement dans la goélette en se dérobant aux remerciements du caissier.

Une autre histoire moins mélo mais tout de même à noter, comme signe de l'influence que peut exercer la guigne au jeu sur une imagination déjà portée vers le roman feuilleton, a été racontée sérieusement par un décavé qui n'était pas de Marseille. Le fermier des jeux apprenant le matin qu'on avait trouvé un inconnu pendu dans le jardin, serait venu subrepticement jusqu'à l'arbre signalé, éparpiller quelques pièces d'or dans la poche du gilet du mort pour faire croire à un suicide par amour.

L'auditoire des mauvais joueurs savourait ces racontars dénués de vraisemblance. Moi également, je l'avoue, quoique gagnant, ce qui n'était pas bien. Aussi ai-je peut-être mérité que le portefeuille contenant mes cinq cents francs de bénéfice, m'ait été pris au débarcadère de la gare de Lyon, à mon retour, par un voyageur qui me serra de près dans sa hâte de me dépasser.

L'été d'après, je « faisais » entre deux trains Hombourg, Wiesbaden, Mannheim, enfin Bade. Là un soir dans le café du Kursaal, un croupier de la maison nommé Martin raconta, d'après les souvenirs de son père, croupier lui-même au fameux 113 du Palais-Royal, la fermeture sensationnelle de ce tripot au lendemain de la promulgation de la loi qui supprimait les jeux publics. Martin fils nous parla de l'émotion mal contenue avec laquelle l'auteur de ses jours, la main droite sur les cartes, l'autre prête à en détacher une, prononça :

— Messieurs, cette taille est la dernière.

Il relucta aussi l'exécution avec coups de poing dans le dos d'un mauvais plaisant qui avait demandé tout haut que les râteaux de la dernière taille fussent entourés d'un crêpe noir.

Dans tous ces casinos et kursaals redoutés, mais surtout pendant mes deux mois de Monte-Carlo, étant arrivé dans ma chambre le soir, avec deux ou trois jeux de whist, à tailler aussi vite qu'un croupier une banque de trente et quarante, j'ai acquis la conviction qu'il était impossible à la ferme des jeux de tricher. Elle n'aurait aucun intérêt à donner à des croupiers le mandat d'introduire une portée ou d'annoncer un point faux. Un tonnerre de protestations aurait vite fait de provoquer la fermeture, au moins momentanée, des salons de jeu. Du reste, à proprement parler, la banque ne joue pas. Elle est simplement l'intermédiaire qui paie ou ratisse les mises placées sur les tableaux opposés, la rouge et la noire, la couleur et l'inverse. Elle touche, quand les deux tableaux ont le même point de trente et un, une commission qui lui suffit du reste pour ne pas exciter à un haut degré la commisération publique. Elle fait un métier dont on peut discuter la moralité intrinsèque, mais qu'elle a tout intérêt à exercer correctement. Ai-je été assez naïf d'avoir failli croire à une autre histoire de brigands dont on a parlé à Wiesbaden, la complicité d'un gardien nocturne de la salle de jeu avec des cambrioleurs munis d'instruments de précision pour augmenter l'espace séparant les numéros les uns des autres, et faciliter ainsi l'entrée de la bille. Bien entendu les voleurs plaçaient leurs mises en conséquence. J'ai mis quelque temps à reconnaître qu'il eût fallu pour ce travail cyclopéen, plus de temps qu'il n'en faut pour mener les exécutants chez le commissaire de police.

En revanche quelques casinos de bains de mer, — j'entends dire qu'aujourd'hui la police veille mieux au grain, que de mon temps, — ont mérité plus que Monte-Carlo et Bade le surnom de Péloponèse donné plus tard sur le boulevard à un cercle trop peu fermé. C'est ainsi que lors d'une saison où je me trouvais à X... des gens du meilleur monde, dans leur rage de se refaire d'une culotte aux courses, ne craignaient pas de descendre dans un sous-sol mal éclairé — comme par hasard — où se jouait l'écarté. Les ayant suivis un soir, je demandai a être inscrit, comme c'était l'usage. Quand vint mon tour, je m'assis et, comme c'est aussi l'usage, je me penchai un peu sur la table pour identifier billets et pièces d'or placés de mon côté. En relevant la tête, je reconnus Georges B... qui me reconnut aussi, sans hésiter, reprit les cinq louis mis de mon côté et s'en alla. Cela m'étonna d'abord, mais au fond cela me donna une bonne opinion de Georges B... Dans un endroit pareil il a été encore très honnête de ne pas ponter pour mon adversaire.

Ce que deviennent les décavés.

Malheureusement quelques-uns qui ont joué loyalement et perdu ont demandé à la tricherie une revanche. Ils trouvaient encore dans cet immense Paris des angles obscurs de cabarets borgnes pour y détrousser un petit débitant du quartier ou, ce qui est plus grave, un garçon de caisse, quitte à s'en aller perdre cet argent volé dans des endroits où ils ne pouvaient pas faire sauter une coupe. Un des deux Castillans pincés pour avoir fait sauter la coupe chez la Barucci a été nettoyé, après des chances diverses, à Hombourg et à Monte-Carlo.

D'autres, incapables de tricher, ont lutté énergiquement pour ne pas avoir à échouer à là porte d'un dépôt de mendicité. A la suite d'une dernière culotte péniblement réglée, le comte de X..... un élégant du Jockey, disparut. Revenu au bout de dix ans, il a été reçu amicalement par ses créanciers, tant il raconta avec bonne grâce son curriculum ayant abouti à un poste de sous-chef de gare d'une station de village de Valladolid. Il ne se plaignait de rien, pas même de la cuisine espagnole.

Autre cas. A l'exposition de 1900, dans une section, une sorte de garçon de salle avec une casquette sur la tête portant : « Interprète », promenait des étrangers. Il fut reconnu de moi au geste qu'il fit pour n'être pas reconnu. C'était un vieux camarade que je tutoyais, disparu depuis au moins vingt ans. Comme je me rappelais qu'il avait quitté un cercle fermé après avoir payé rubis sur l'ongle tout ce qu'il devait, j'allai à lui quand il fut libéré des étrangers qu'il pilotait, et le mis en confiance. Il me parla sans amertume, et même avec un sourire

un peu forcé de la vache enragée à laquelle il
avait été condamné tout le temps qu'il mit à apprendre les quelques mots d'anglais lui permettant de
s'offrir comme truchement à des Britanniques ou à
des Yankees : « Ca va à peu près, ajouta-t-il assez
bas pour n'être pas entendu, pourvu qu'ils sachent
le français. »

Le plus grand nombre des décavés s'étant avéré
incapable du moindre effort, des parents, d'anciens
amis ont dû les aider à achever de mourir. Dans les
tripots, dans les cafés où on les tolérait, derrière
les joueurs, à distance respectueuse, ils suivaient la
partie, murmurant, de temps en temps : « Moi, je
m'y serais tenu » ou « Moi, j'aurais demandé une
carte. » Ceux-là ne furent point hantés par l'idée
du suicide. La vue d'un tirage à cinq réussi les
rattachait à la vie.

Les prêteurs.

Quand, après une série de guigne, la peur d'être
affiché vous avait fait taper sans succès la famille
et les camarades, on courait chez Freneh, Pierre le
Bombé et deux ou trois autres intermédiaires qui
faisaient fructifier leur argent et, le plus souvent,
celui de concierges, de valets de chambre, de
cuisinières du quartier attirés par l'appât des gros
intérêts.

Je n'ai eu affaire qu'à un plus modeste prêteur,
nommé Ahrenfeld, qui se disait un ancien gen-
darme, afin de donner le trac aux emprunteurs
tentés de le mettre dedans. Ahrenfeld m'a aligné
mille francs à cent pour cent et à trois mois, sur
l'excellente signature d'un ami. Ce n'était pas
donné. Il risquait tout de même assez gros, car

nous ne nous sentions pas disqualifiés d'être pro-
testés. On avait roulé un usurier, grande liesse!
Bien mieux ou bien pis, nombre de prodigues jetaient
à la tête des lois divines et humaines le défi de se
payer entre eux des dîners fastueux, dont les
pourvus envoyaient l'addition le lendemain à leur
conseil judiciaire pour le narguer.

Aussi un vieux notaire, ami des calembours, a-t-il
pu dire en ce temps à un père de famille que j'ai
connu : « Si vous voulez un conseil judicieux, ne
donnez pas à votre fils un conseil judiciaire. »

Notez que Clichy, la prison pour dettes, ne
constituait pas une garantie certaine pour le prêteur.
Cette mesure de rigueur moyenageuse révoltait
même les prodigues solvables qui s'accordaient
entre eux pour ne pas rester les clients d'un usurier
acharné sur un malheureux dans la purée.

*
* *

Quel a été le plus joueur de tous les joueurs
dont j'ai ouï parler? Je crois bien que c'était le
comte Jaraczewski. Un jour, avec un de ses compatriotes à sa hauteur comme fidèle de la dame de
pique, comme ils s'ennuyaient dans un bateau qui
faisait les bords du Rhin, et où tous jeux de cartes
ou de dés étaient sévèrement proscrits à bord, ils
placèrent chacun devant soi à égale distance un
morceau de sucre, puis interrogèrent l'horizon. Il
était convenu entre eux que chaque mouche qui se
posait sur un morceau de sucre rapportait cinq
louis. Les mouches s'obstinèrent à voler loin de
Jaraczewki lequel, mauvais joueur, après avoir payé,
jeta tout son sucre déveinard dans le Rhin.

Combien à ma connaissance, pendant les dernières années du Second Empire, de gros joueurs des cercles fermés se sont retirés à temps, après un intéressant Charlemagne?

Tout juste un ! Le baron de M... arrivé un moment à 900.000 francs de bénéfice et résolu à parfaire le million, perdit en une quinzaine 400.000 francs à son cercle. Il lui en restait donc 500.000 qu'il garda. C'était un sage joueur extraordinairement pratique ; il discutait le prix de la course avec le cocher qu'il prenait le matin à la sortie du cercle.

Pour me résumer, je n'ai jamais connu de joueurs repentants. Neuf sur dix étaient de l'école de cet étrillé qui se psychologuait ainsi : « Ce que j'aime le mieux au jeu c'est de gagner, ensuite c'est de perdre », ou de ce fanatique obsédé par sa passion au point de perdre le sens des mots appropriés aux situations. Si bien qu'un camarade rencontré lui ayant dit : « Depuis que je ne vous ai vu, j'ai perdu mon père, ma mère, et mes quatre enfants », les bras levés au ciel, il s'exclama :

— Ah ! mon pauvre ami, quelle culotte !

CHAPITRE V

LES ÉTRANGERS

Nous étions des victorieux. Nos deux grandes
guerres heureuses ne traînaient pas derrière elles
l'anxiété des paix incomplètes ou précaires. Cela
nous mettait de belle humeur pour accueillir les
étrangers. Ils vinrent en foule. La Cour faisait
bon accueil à tous ceux qui n'étaient pas indésirables et qui avaient de quoi payer royalement les
merveilles exposées à toutes les vitrines des bijoutiers, étalées sur les tables des couturières et des
modistes. Tous les chanteurs, les chanteuses, les
instrumentistes, jusqu'aux magiciens et prestidigi-
tateurs venaient faire consacrer leur renommée à
Paris, centre et roi de la mode, arbitre indiscuté
du goût.

C'est sous le Second Empire que les étrangers,
n'étant plus de simples touristes, se sont fixés

chez nous une bonne partie de l'année et même à demeure. Il se forma des colonies anglaise, américaine, etc., qui se firent adopter, donnèrent des fêtes, marièrent leurs filles à des Français, se fondirent avec notre meilleure société.

L'Anglais le plus en vue, quoique forcément de passage entre deux inaugurations ou deux poses de pierres pour monuments commémoratifs, — sa principale fonction, — a été le prince de Galles. Cette Altesse aima Paris, lui aussi, jusque dans ses verrues. Je crois bien qu'il a précédé les grands ducs dans les tournées chez le Père Lunette et autres lieux excentriques. Il revenait se laver les mains au Café Anglais ou à la Maison d'Or, boire un verre de champagne avant d'aller s'asseoir à la table de baccara du Cercle de la Rue Royale où le Prince d'Orange, son voisin de tapis vert, lui dit un soir : « Je ne peux pas ponter aussi fort que vous, Monseigneur, vous jouez un jeu d'ambassadeur. »

Comme le prince suivait de près la mode, quand il ne la créait pas, les représentants de la Gracieuse Majesté sa mère avaient un souci méticuleux pour ce qui pouvait être nouveau, original en fait de toilette, et faire loi à Paris.

« Je me trouvais un jour, me conta Charles Haas, avec un ambassadeur anglais. Tout le temps que je lui parlais politique du moins mal que je pouvais, il me regarda avec attention, ce qui me flatta, mais quand je m'aperçus que ce n'était pas mes lèvres de parleur, mais mon épaule gauche qu'il fixait, je crus que j'avais une tache sur mon habit, ce qui m'ennuya. Il me rassura en me désignant une petite épingle en or, que j'avais accrochée à mon gilet pour retenir mon lorgnon, plutôt que de me passer un ruban autour du cou. « C'est une idée, prononça-t-il. Je la ferai prendre à Londres. » Et il fit ce qu'il avait dit. Vous devinez que j'en suis fier encore. »

Les Anglais chics à demeure chez nous, le plus souvent des originaux comme lord Seymour et le marquis de Hutford, n'étaient pas plus d'une dizaine. Avec Napoléon III dont la jeunesse s'était passée à Londres, et qui s'était fait l'ami du célèbre français d'Orsay, le roi des dandys, Paris reçut une colonie de Britanniques qui n'étaient pas tous des commis d'Old England ou de Redfern. Quelques-uns s'acclimatèrent au Bois de Boulogne et, comme Vansittart, comptèrent parmi nos cavaliers, ce qui les aida à se faire recevoir dans nos cercles élégants.

J'ai connu un de ceux-là. Straham, anglais assez rare, n'étant pas homme de cheval, n'avait d'ailleurs rien de britannique dans l'allure et dans le langage (il parlait l'argot parisien sans le moindre accent), encore moins dans les goûts, n'appréciant ni les courses, ni les sports ni, sauf le grog au gin, les liqueurs fortes.

Au fait, était-il Anglais autrement que par le nom ? Tout ce qu'on savait de ses origines, d'après ses conversations, c'est qu'il cousinait avec une famille de bourgeois français considérée. Comment cet être énigmatique a-t-il été reçu au Jockey-Club, cercle plutôt fermé ? Je crois me rappeler que ce fut à la suite d'une fusion du dit cercle avec les *Bébés* ou *Moutards*, mais ce n'est guère une explication, Bébés et Moutards ne se recrutant pas davantage à l'aveuglette. A cela près, nullement gêné dans les entournures de se savoir inexpliqué !... C'était mylord sans gêne. En un temps où la petite pipe en bois de bruyère, si à la mode depuis, eût choqué tout le monde, même fumée chez soi, Straham se la permit dans les salons du Jockey. Tout juste s'il n'en tirait pas des bouffées à la fenêtre, au grand étonnement des promeneurs du boulevard. Non moins à son aise quand il parlait d'un camarade du club, porteur d'un grand nom, c'est par son prénom qu'il le désignait. Je crois bien avoir su par lui que plusieurs La Rochefoucauld ont pour prénom Sosthène, et les Mortemart, de père en fils, celui de Victurnien.

Ses moyens d'existence? Là où nous nous trouvions ordinairement avec lui, au restaurant Maire, au coin du boulevard de Strasbourg, il réglait sans chipoter sa part d'addition, mais, alors que chacun de nous tenait à honneur d'inviter de temps en temps, chacun à son tour, les camarades, jamais nous n'avons bu à nous tous un verre de champagne à ses frais. D'autre part, nous savions par la commune renommée que lorsqu'il ne dînait pas avec nous, c'était chez l'habitant, c'est-à-dire en ville. D'avoir son couvert mis dans telle maison sans réciprocité de sa part, lui semblait chose absolument naturelle. Il était tellement chez lui chez les autres, qu'il invita un jour notre ami X... à dîner... chez les Ezpeleta, une des demeures où il piquait les assiettes le plus régulièrement.

Eh bien! jamais il ne fut qualifié « boscard ». Pourquoi? Parce qu'il payait un écot supplémentaire en propos amusants, en réflexions fines et quelquefois profondes. Une des raisons pour lesquelles nous inclinions à croire qu'il était de la police, c'est l'incroyable sagacité avec laquelle il donnait des signalements après quelques instants d'observations d'un bout à l'autre d'un restaurant, sur les gens qui dînaient en même temps que nous. Un couple d'inconnus venait-il s'asseoir à une table, Straham avait l'œil sur ses faits et gestes. Et à la façon dont le monsieur commandait, mangeait, s'occupait ou non de sa compagne et de l'addition, à suivre la manière dont la femme s'éventait, souriait, faisait ou s'abstenait de faire de l'œil aux voisins, il expliquait la situation sociale, la fortune, décidait que la femme était légitime, maîtresse ancienne ou d'occasion. Au besoin, il racontait le passé de l'un et de l'autre et précisait leur avenir. Pour s'offrir ce divertissement, chacun de nous eût payé sans rechigner l'addition de Straham avec un petit rabiot.

Sa mort ne souleva pas complètement l'incognito dont s'entoura sa vie. Les bibelots de prix que l'on admira dans son modeste appartement du faubourg Saint-Honoré, évoquèrent pourtant chez moi le souvenir d'un meuble de ma connaissance vendu, il y avait longtemps, au duc de Bisaccia depuis Doudeauville, par l'entremise d'un intermédiaire qui ne pouvait être que Straham. Toujours est-il que ce dernier nous cacha ce supplément de ressources, d'ailleurs nullement déshonorant, aussi soigneusement que sa maîtresse, une fille de magasin à qui échut, à ce qu'on a dit, le produit de la vente de nombre d'objets de valeur garnissant l'appartement.

Le comte d'Alton Shee, qui passait pour irlandais d'origine, arrivé à Paris avec une belle fortune, en laissa la plus grande partie dans les mains de banquiers d'un crédit douteux et l'autre aux pieds de danseuses d'une beauté moins discutée. Avec le reste, par simple bizarrerie d'esprit, il entretint des journaux avancés et naturalisé français se fit socialiste et misanthrope. Le lendemain d'une horrible catastrophe de chemin de fer, quelqu'un au cercle lisant tout haut dans le journal le nom des victimes, d'Alton observa :

— Je ne les connais pas, ça m'est égal. Si je les connaissais, ça me ferait plaisir.

Les Russes.

Le Russe des hautes sphères est venu à temps, avantageusement, concurrencer le mylord pour le plus grand profit de l'industrie parisienne, et en tête celle de la galanterie. Le Russe a été le bienfaiteur attitré des vendeuses d'amour à tous les degrés de l'échelle de soie, même les plus bas. Ne me demandez pas dans quels corridors se courba le prince Gortschakof pour les balayer dévotement. Et il payait très cher son droit à exercer ce travail manuel. Ce grand seigneur ne se choqua jamais de voir les cocottes huppées lui donner à peine le bout de leurs doigts à baiser. Cet étrange état d'âme n'a été pénétré que plus tard par les rares Français qui ont pu observer l'âme moscovite dans les belles études de Melchior de Voguë sur le roman russe. Gortschakoff et combien d'autres ont mis leur orgueil à n'être par certaines personnes ni « humiliés » ni offensés avant que Dostoiewski ait donné ce titre à l'un de ses plus célèbres romans.

Je puis parler *de visu* d'un type de moscovite qui m'a donné un spectacle étrange.

Un soir, au Helder, le comte Kozloff mangeait tranquillement une tranche de jambon froid quand, en levant les yeux, il voit entrer dans la salle et y prendre place deux jeunes gens au type sémite accusé.

Il se lève et, d'une voix qui domine le cliquetis des assiettes, des fourchettes et des verres, il

annonce, désignant la table des jeunes enfants
d'Israël :

« J'autorise ces deux Juifs à venir me gifler ! »

Stupeur dans la salle. Puis un silence fait de
curiosité. Tous les regards sont tournés vers les deux
interpellés. L'un d'eux reste en place. L'autre fait
trois pas en avant, les yeux sur Kozloff et prononce :

« C'est bien vrai, ce que vous venez de dire ? »

Le Russe ayant acquiescé d'un signe de tête,
le jeune Juif complète les pas qui le séparent d'une
joue à laquelle il applique un soufflet magistral,
et, sans regarder ni à droite ni à gauche, va
reprendre place auprès de son camarade.

« J'avais besoin d'être humilié », explique Kozloff,
tout haut, s'adressant tant à toute la salle qu'à
une petite femme venue s'asseoir auprès de lui
pour lui bassiner le nez barbouillé de sang et se
faire payer son addition. Et il ajouta : « Je voulais
expier une faute grave que j'ai commise, il y a
huit jours... »

On sait qu'en Russie les extrêmes se touchent.
Si Kozloff tenait à s'humilier, Narichkine et Galitzine, que nous avions surnommé « Fluxion » à
cause de la boursouflure de ses joues, se plaisaient
à traiter les domestiques français comme des
moujiks. N'ayant pas de knout à leur disposition,
ils les battaient s'ils se laissaient faire, ce qui n'était
pas toujours le cas. Narichkine gagna à ce sport un
coup de pied dans le bas du dos appliqué par un
valet de chambre. Quand les garçons de la maison
étaient trop lents à le servir, Galitzine leur disait
de façon à être entendu des voisins, des mots très
durs dont ils se vengèrent — on l'a su depuis, et
je m'excuse de l'écrire ici — en profitant de l'obscu-
rité d'un couloir menant de la cuisine à la salle à

manger où un méchant tour n'était guère contrôlable, pour cracher leur ressentiment dans le potage du prince « Fluxion ».

Heureusement, en dehors de ces fâcheux, la colonie russe a laissé à certains parisiens d'alors de bons souvenirs. En général, le boyard avait pour les commerces de tout genre le rouble facile. En été, quand il n'y avait personne à Paris, il était le seul à y faire de la dépense. Avec les cocottes, personnes en général de goûts casaniers, sauf pendant la semaine des courses de Deauville, le vieux prince Anatole Demidoff, par les soirées les plus caniculaires, était visible dans une baignoire de quelque théâtre à peu près vide, en compagnie de l'actrice Duverger qu'il a couverte de diamants. A la même heure, Paul Demidoff, son beau neveu, se montrait dans tous les lieux publics avec la superbe Céline Montaland à laquelle il fit une rente viagère très large.

Était-on alors assez loin du jour où une parisienne, ayant dit à un chauffeur russe à elle recommandé le jour même : « Venez me prendre ce soir rue Greuze... Vous entendez bien, Greuze », reçut cette réponse doucement résignée :

« Greuze ! j'entends bien, Madame, j'en ai eu deux. »

La princesse de Metternich.

Elle ne posséda ni la pureté de lignes dans les traits d'une duchesse de Mouchy, d'une comtesse de Mercy-Argenteau, d'une Mme Carette, ni la joliesse éblouissante d'une comtesse de Pourtalès ou d'une marquise de Galliffet. L'ambassadrice d'Autriche avait tous les genres d'esprit, à commencer par celui de ne pas se donner pour une Vénus. Et c'est beaucoup pour avoir accepté cette disgrâce relative avec bonne humeur, qu'elle a été l'enfant gâtée de la Cour et aussi des membres de la société parisienne qui n'allait pas aux Tuileries. Du reste, par son nom et ses alliances, l'ambassadrice avait ses grandes et ses petites entrées dans une notable fraction des boudeuses. Ses réceptions furent un terrain neutre où les divergences politiques s'estompèrent en vertu du procédé le plus sûr pour cela, qui est de ne pas parler politique.

La princesse aimait beaucoup mieux les entretiens sur la littérature ou le théâtre avec un Mérimée ou un Feuillet, ou bien sur la musique avec des familiers qui partageaient son goût pour celle qu'on appela de l'avenir. Nul n'ignore que ses battements de mains approbatifs répétés le jour de la première de *Tannhauser* essayèrent de couvrir le charivari de l'orchestre et des loges déchaîné contre l'opéra de Wagner. Très éclectique, d'ailleurs, en musique, un beau jour, après s'être aventurée la veille à l'Alcazar, elle pria par un mot aimable Mlle Thérésa de venir initier tout un public d'altesses et de grandes dames à ce qui peut être et n'être pas *sacré pour un sapeur*.

C'est assez dire que cette femme, « bien parisienne » avant l'invention du terme, trouvait dur de quitter le « cabaret de l'Europe », comme elle appela notre chère ville, même pour Dieppe, pour Deauville, ou pour toucher barre, au moment des vendanges, à ce vignoble, dont son mari était si fier, de Johannisberg.

Comme ambassadrice, elle fut hors de pair. Toujours grande animatrice. Jamais, comme on dit familièrement, un ange ne passa à sa table. C'est plutôt un diablotin qui aurait surgi en sa personne pour ranimer une conversation languissante. Quelques-uns de ses mots ont fait fortune dans les petits journaux du temps. Ceux qui avaient trait à l'irrégularité de son visage étaient de ceux dont elle souriait la première, acceptant de n'être que piquante pour le public, puisqu'elle était sûre, elle l'a dit avec une plaisante assurance, de la fidélité d'un mari qui lui a été disputé par des femmes régulièrement belles.

Un de ses autres titres à la faveur de tous, si elle l'avait recherchée, eût été son talent de comédienne de salon, qui avait brillé à la cour de Dresde, mais qui fit surtout florès à Compiègne uniquement dans un rôle amusant de cocher, joué en travesti des *Commentaires de César*, spirituelle revue du marquis de Massa. En revanche, dans une représentation de tableaux vivants, elle eut le bon sens de ne pas paraître, et de se borner au rôle de metteuse en scène, dont elle s'acquitta d'ailleurs avec beaucoup d'habileté diplomatique, le jour où elle obtint ce miracle d'amener la duchesse de Persigny à jouer dans l'esprit de son rôle, en consentant à ne pas montrer en scène ses cheveux dont elle était fière justement.

Le personnel des deux sexes dans l'ambassade d'Autriche prit assez vite le pied parisien. Trop vite peut-être. L'attaché militaire, le colonel de Kodolisch, homme aimable, passa — je l'ai entendu dire plus tard au ministère de la Guerre — pour avoir entretenu des relations mystérieuses et fréquentes avec son collègue prussien. A priori, je n'aurais pas eu ce soupçon, le premier devoir d'un espion étant d'être sobre. Or Kodolisch, comme pochard, aurait rendu des points au patriarche Noé.

J'ai connu un autre Autrichien « de distinction »

qui en manquait étrangement. Avec son air pataud,
sa démarche lourde, on ne l'aurait même pas
confondu avec un de ces cochers de fiacre à deux
chevaux, qui stationnent aux abords de l'*Impérial*
ou du *Grand Hôtel* à Vienne. Or c'était tout simplement le duc de Rohan-Rohan, descendant direct et
authentique d'un membre de cette illustre maison,
émigré de la Révolution. Quarante années de trans-
plantation loin de la Seine avaient fait un vrai paysan
du Danube de ce dégénéré d'une famille dont un
cadet a glorifié une fois de plus, en tombant à la
tête de ses hommes, en 1914, la devise « Rohan
suis ». Pour comble, ce Rohan était un snob fâcheu-
sement prolixe. Un jour où il expliquait longuement la prééminence de la branche aînée de sa
famille sur les cadettes, le marquis de Rougé des
R. l'arrêta tout net par un bref: « N'insistez pas trop,
ma vieille branche. »

Les Espagnols.

Un autre parisien espagnol, le marquis de Casa-
riera, très grand seigneur dans le sens fastueux du
mot, locataire à l'année de loges enviées à l'Opéra
et à la Comédie française. Il n'y allait jamais de
peur de gêner les belles amies auxquelles il envoyait
les coupons régulièrement, leur laissant par là une
place à l'épanouissement de leurs crinolines. Tout
de même il ne fut pas, tout compte fini, aussi somptueux que les Aguado qui furent possesseurs en
même temps de Château-Laffitte, d'un superbe hôtel
de la place Vendôme et d'une des plus grandes
villas de Fontainebleau et y menèrent grand train.
Très acclimaté également parmi nous M. Alfonso
de Aldama, originaire de Cuba, qui possédait deux

beaux hôtels contigus, aujourd'hui détruits, rue de La Boëtie. Une de ses filles épousa le marquis de Castelbajac, écuyer de l'empereur, fidèle au régime jusqu'à sa dernière heure, une autre le duc de Rivas. Leur frère, Lorenzo Alfonso, a été un des jeunes parisiens les plus en vue, de 1860 à 1870, comme tireur d'épée, une des cinq ou six meilleures lames de Paris, toutes les salles d'escrime réunies. Il débuta sur le terrain, par un duel avec Rochefort qui avait écrit, je ne sais plus où, un article tout à fait exempt de convenance sur la reine Isabelle. Rochefort, il faut en convenir, releva le gant qu'il pouvait laisser retomber, Alfonso étant peu qualifié pour défendre sa reine car il n'avait que dix-huit ans. Sur le terrain, le pamphlétaire eut la main droite traversée. Il serra cordialement avec l'autre celle que lui tendait son adversaire.

Je dois à Alfonso d'avoir fait la connaissance d'un bon original. Un après-midi où je passais avec lui dans l'avenue des Champs-Élysées en voiture découverte, un jeune homme vêtu d'une blouse d'ouvrier lui adressa de la chaussée un salut familier de la main accompagné d'un sourire et passa. Alfonso, qui ne se connaissait pas de relations dans le prolétariat parisien reste d'abord interloqué, puis se frappe le front et dit au cocher de tourner bride. Nous rattrapons le jeune artisan et le mettons en lapin entre nous deux. Alfonso le présente :

« Le marquis de Castrillo. »

Et un dialogue engagé d'abord en espagnol, sur ma demande, se continue en français et aussi dans un argot faubourien qui sonnait étrangement sur les lèvres d'un patricien castillan. Alfonso demande :

« D'où diable viens-tu dans cet accoutrement?

— De chez un mastroquet des Ternes où j'ai

retrouvé des aminches de l'an dernier au complet, excepté un qui est à la Nouvelle... »

Je tressaille d'horreur. Alfonso bondit :

« Tu as des forçats pour amis? »

Castrillo rectifie pour « copains ».

— Et encore je les trahis quelquefois quand je vois qu'ils vont faire un mauvais coup.

Et, tourné vers moi :

« Vous avez lu *Les Mystères de Paris?* »

Sur ma réponse que je les sais par cœur, depuis ma quatrième, le marquis poursuit :

« Rodolphe de Gérolstein est mon modèle. Dans le roman d'Eugène Sue pour guide, j'ai appris la langue du *Lapin Blanc* et du *Tapis Franc*. Mon but en ce moment est d'arriver à faire arrêter un scélérat épatant dont tout le monde parle : Jud, l'assassin du Président Poinsot. »

Et se tournant vers Alfonso :

« Lâche-moi place de la Concorde. J'ai mon idée sur un cabaret du faubourg Antoine, où peut être ce chourineur. »

Pas plus que moi ni personne, Castrillo n'a trouvé Jud, mais il a rencontré, revenu en Espagne et étant près de ses pièces, une Anglaise très jolie et dont les livres sterling lui permirent de rendre aux touristes à Tolède un service appréciable en construisant à ses frais un hôtel genre mauresque dont il me fit les honneurs en impeccable argot de Paris.

Les Italiens.

Au lendemain de Magenta et de Solférino, la colonie italienne à Paris s'accrut d'un certain nombre de personnages distingués qui nous témoignèrent leur reconnaissance avec toute leur expansion méridionale. Ils étaient « cornaqués » par leur ambassadeur, le chevalier Nigra, beau et grand Piémontais, au nez un peu fort, aux manières affables, surtout diplomate consommé, si tant est que le fin du fin dans le métier soit d'accepter les rebuffades sans que rien n'en paraisse sur le visage. Aussi ai-je fort admiré qu'il se soit fait le chaperon au 4 septembre de l'impératrice qui ne lui avait pas ménagé des mots cinglants à l'adresse de l'Italie, le jour où Victor-Emmanuel entra en conflit avec la Papauté.

En même temps que des Italiens de choix, quelques aventurières patriotes et galantes d'au delà des monts vinrent faire des séjours prolongés, sur lesquels il fut très fort glosé. La princesse Belgiajoso avait été leur devancière; mais l'âge venant, elle défendait avec moins de succès, à notre Cour et auprès de certains ministres, sa chère Italie. De belles émules, peut-être ses élèves, prirent à sa suite comme objectif notre côté faible. Ne me demandez pas si la comtesse de Castiglione inspira ou non, de près ou de loin, surtout de près, une politique soufflée par Cavour. Je n'ai sur ce point d'histoire aucune lumière précise et du reste la politicienne disparaissait à nos yeux d'adolescent, devant cette étonnante Dame de Beauté. Il n'a pas été en effet permis à une femme, du moins de mon temps, d'incarner plus complètement la Vénus immortelle déifiée par le pinceau et le ciseau des grands maîtres...

Jugez que je ne l'ai vue qu'une fois dans ma vie, pas longtemps, et rien que de profil, à la veille du jour où elle se calfeutra afin qu'aucun homme et surtout aucune femme ne pût repérer sur son visage les premiers outrages de l'âge ingrat. A ce moment-là un soir, au dessert d'un dîner au Café Anglais, on

La comtesse de CASTIGLIONE

joua au jeu des devinettes. Une question posée fut :
« Quel est l'amant de la Castiglione? » Quand vint
son tour, un vieux Parisien qui dînait tous les soirs
au Café Anglais, prit un air malin : « C'est un maître
de.... de.... de.... devinez? » Les réponses se croi-
sèrent. « Maître d'équipage, de ballet, d'armes. »
« Maître d'hôtel » lancé en blague arrêta l'énumé-
ration :

« Parfaitement, dit le vieux Parisien tourné vers
l'interrupteur. C'est Ernest, notre Ernest, qui lui
ouvre le cabinet où elle entre tous les soirs et d'où
elle sort plus encapuchonnée qu'au bal de l'Opéra. »

Les hommes protestèrent.

« Ernest? Pas possible! »

Les femmes, en majorité, déclarèrent :

« Pourquoi pas, après tout? Ernest est beau
garçon. »

Je me réfugiai dans l'abstention, notre « rensei-
gneur » ne pouvant fournir comme preuve de son
dire que le long temps passé par Ernest dans le
cabinet mystérieux et je crois avoir eu raison. J'avais
oublié ce jeu de devinettes depuis beau temps,
quand mes yeux tombèrent récemment sur *L'Intermédiaire des chercheurs et des curieux*, donnant
cet extrait d'un carnet de dépenses où la belle comtesse notait :

« Jeudi, 11 juillet 1895. Un macaroni au gratin :
3 francs; un bœuf à la mode : 4 francs; compote :
3 francs. » A en juger par ce souci de comptabilité
minutieuse, j'aime mieux croire pour la mémoire de
la grande dame qu'elle ne gardait Ernest dans un
cabinet si longtemps que pour obtenir un rabais sur
son addition.

Les Belges.

Si je ne mentionne pas en détail les enfants de ce peuple ami que j'ai pu connaître, c'est qu'il y eut tant d'alliances dans les deux aristocraties que la nôtre considérait, ce me semble, comme des compatriotes les Ligne, les Chimay, les Mérode et bien d'autres parlant, de naissance, notre langue, même quand ils disent septante et octante au lieu de soixante-dix et quatre-vingts, plus logiquement que nous du reste. Si j'ajoute que nombre de bons Français voudraient écrire notre langue aussi purement que Maeterlinck! je ne sais donc pas trop pourquoi j'ai classé les Belges dans la rubrique « étrangers ».

Les Hollandais.

J'ai reçu un jour le mot suivant :

« Mon cher Jollivet,

« Vous seriez bien aimable si vous pouviez obtenir des amis que vous avez dans les journaux qu'on ne m'appelle plus *Citron*. »

Et pour s'excuser de la peine qu'il me donnait, — et que j'avoue n'avoir pas prise parce que quelques braves confrères pendant le séjour du prince à Paris se faisaient quelques lignes sur ce sobriquet, — le prince d'Orange ajoutait : « Je sais bien que j'ai un nom ridicule. » Ridicule! le nom que porta le Taciturne. C'est bien de la modestie! Il est vrai que sa principauté lui pesait sur les épaules. Il avait soif de manque d'égards pour son compte.

Celui-là aussi était bien à la coule. Je l'ai même vu supporter les familiarités de certains jeunes gens, ses camarades du Jockey-Club, avec une égalité d'humeur qui ne s'est jamais démentie, même quand il avait bu plus d'un verre de curaçao national.

Avec cela combien insoucieux du qu' « en dira-t-on ! »

Les vieux Parisiens n'ont pas perdu la mémoire d'une histoire qui les amusa fort lors d'un de ses longs séjours à Paris. Certain soir, à la porte du Café d'Orsay, la police, mise en branle par un mari jaloux, happa à la descente de l'escalier un élégant très connu accompagné d'un marmiton. Ce dernier n'était autre qu'une très jolie femme dont la police avait le signalement, mais non en travesti.

« Votre nom? » demande le policier en chef à l'élégant.

L'autre ment sans broncher :

« Je suis le prince d'Orange. »

Cette présence d'esprit évita le scandale inséparable de telle aventure ; mais, si Paris s'en amusa, le prince le prit au sérieux. Le lendemain soir, il m'aborda chez Bignon où ma bande le retrouvait d'ordinaire pour partir de là vers le Café Anglais ou la Maison d'Or. Lui, si gai, si allant d'ordinaire, avait un air grave. Cela me sembla assez naturel, étant donné tout le bruit qui se faisait depuis la veille autour de son nom. Ce n'était pas cela qui le tarabustait. Il se moquait de tout ce qui pouvait être dit sur son compte soit à la légation de son pays, soit aux Tuileries, où il avait l'empereur pour parent, soit par delà la frontière dans le grand pays plat où prospèrent les tulipes et d'où son père tirait des rixdales pour mieux parer Mme Musard.

« Ce qui m'ennuie dans cette affaire, me confia cette crème des amants, c'est que ma petite *Marie*

(Mlle Verne, de l'Opéra) s'imagine que c'était bien
moi le monsieur du Café d'Orsay et que j'ai eu beau
lui jurer que non toute la nuit, elle ne croit pas à ma
parole d'honneur. »

A une autre occasion, le prince me fit la grâce de
m'initier, non plus seulement à sa vie privée, mais
à ses sentiments intimes sur le foyer paternel. Un
soir d'inauguration du Salon de peinture, je lui
parlai d'un portrait du roi de Hollande qui y figurait :

« Quel est le peintre qui a fait ce coco-là? » me
demanda-t-il avec une note dans la voix plutôt
inamicale à l'endroit d'un père connu prodigue pour
son compte, qui n'envoyait pas à son fils de quoi bien
faire les choses pour sa petite Marie.

Les Turcs.

Il n'y en eut qu'un de notoire, mais qui en valait
bien dix, Mustapha Kemal. Rhalet Pacha fut peut-
être de tous les étrangers le plus populaire tout le
long du boulevard sur lequel il avait loué un bel
appartement au premier dont il fit, le jour même,
les honneurs à Arsène Houssaye. Toutes les fenêtres
ayant été ouvertes par son ordre, il s'arrêta devant
la plus large et respira fortement, promena ses gros
yeux ronds sur les magasins, les trottoirs, les passants,
toutes les passantes, et dit, tourné vers Houssaye :

« Il me semble que toute cette ville de Paris est
ma maîtresse. »

Rhalet Pacha laissa des millions au Cercle de la
Rue Royale et chez diverses admiratrices des vitrines
de Beaugrand et de Samper. Il nous quitta discrètement le jour où il se trouva hors d'état de jeter un
billet de mille sur un tapis vert du cercle et un mouchoir aux marchandes d'illusions.

La colonie grecque ne s'est formée que plus tard. Les grands Hellènes, les Rhalli, les Vagliane, les Zarifi étaient encore de passage à Paris venant le plus souvent de Marseille.

Plus nombreux les Roumains. Et très vite Parisiens, beaucoup d'entre eux ayant été pris tout jeunes, comme les Lahovary, les Ghika, les Soutze, les Storatza, et connu le bagne des lycées parisiens.

Les Américains du Nord.

La colonie américaine aima l'été découvrir des plages inconnues des cocodès et cocodettes. Ce serait exagéré de dire qu'elle a inventé Dinard, mais je puis affirmer que ce sont les premiers qui l'ont mis en valeur. La plus belle villa construite sur la partie la plus pittoresque de la falaise d'où l'on voit Saint-Malo, Saint-Servan et l'embouchure de la Rance, a été l'œuvre de M. Coppinger, un gros homme très fin, qui s'avisa un jour d'utiliser le terrain devant les villas en y plantant des arbres. Cette idée qui lui semblait toute naturelle ne parut pas telle aux gens du pays.

« Jamais des arbres ne pousseront aussi près de la mer, objectèrent-ils à M. Coppinger.

— Essayez ! répondait celui-ci.

— Jamais de la vie, ce serait une folie ! »

Au bout de deux ans l'espace planté était devenu si touffu, que notre américain élagua un grand nombre d'arbres coupables de lui masquer la vue de la mer.

Une dizaine de familles de ses compatriotes, tous gens de bonne compagnie, se groupèrent ensuite à Dinard, entre autres les Moulton, les Brooks, qui ont fréquenté la haute société parisienne, les

Thomdyke, les Smith Lewis. Toute cette petite colonie est devenue populaire grâce surtout aux femmes, charitables pour les familles de pêcheurs et de marins qui en ce temps-là donnaient pleine satisfaction aux légitimes exigences de la natalité.

L'Américain le plus original de mes relations parisiennes n'a jamais mis les pieds à Dinard. A-t-il seulement jamais dépassé Saint-Germain? C'était un personnage mystérieux comme Straham l'Anglais. Il avait nom Bryan. Ce qu'on en savait à peu près pertinemment, c'est qu'il avait pour grand-père Rewbell, le membre du Directoire avec Barras qui avait été régicide, ce que devait ignorer le Jockey-Club dont fit partie le petit-fils après, je crois, la fusion de ce cercle avec celui de la Rue Royale.

Je l'ai connu « dans les démolitions », comme nous disions en blague. Il n'avait pas d'âge, en tous cas pas le nôtre. Il était impressionnant avec son air grave, son front lourd de pensées baroques, plus encore par de soudains éclats de rire, un rire à lui, d'abord strident, puis vite réprimé, jamais d'ailleurs motivé. Au théâtre, par exemple, il gardait dans les endroits de la pièce où tout le reste de la salle pouffait un implacable sérieux, riant très fort quand tout le monde était silencieux.. J'étais un soir près de lui au Palais-Royal. Son hilarité isolée éclata au dernier acte, comme le rideau allait baisser. Gil Pérès, l'excellent comique, le regarda bien en face et lui envoya un baiser qui fit rire tout le monde, hormis Bryan.

Le public se leva d'un bond. Hommes et femmes se le montrèrent curieusement; lui, les deux mains sur les genoux, immobile, impassible, rougissait, heureux d'avoir été interpellé par Gil Pérès. Moi,

je faisais semblant de ne pas le connaître. Oh! oui,
c'était un type, et pas seulement au Palais-Royal.
Il avait chez lui de jolis bibelots et aussi quelques
tableaux de valeur : l'un représentait la bataille de
Fontenoy. Bryan s'était rendu acquéreur de ce
Phillipotteaux dans les premières années de son
arrivée à Paris et, en souvenir du bon accueil reçu
en France, il était heureux d'avoir sous les yeux
une victoire française payée de ses beaux dollars.
Mais vint une heure où il éprouva quelques déboires
mondains qui le refroidirent pour Paris et aussi
pour la France de Louis XV. Il saisit alors un pinceau, habilla en soldats anglais les hommes du
Maréchal de Saxe et réciproquement... Les nôtres
tournaient le dos délibérément aux Britanniques,
et nous faisaient perdre ignominieusement la bataille !
A cette vue, un des nôtres s'empara du pinceau qui
traînait et barbouilla le tout. Bryan laissa faire et
eut son rire silencieux.

Les Américains du Sud.

Une pitrerie au théâtre qui faillit nous brouiller
avec tout un peuple. Dans l'opérette *Le Brésilien*,
au Palais-Royal, Brasseur père jouait un personnage très voyant du pays, débarqué à Paris. Il
commençait par apparaître à peu près nègre, avec
un jeu de boucles d'oreilles et de toutes les couleurs de l'arc-en-ciel étalées sur un gilet invraisemblable. Ensuite il ouvrait la bouche et faisait
sonner ces syllabes effrayantes comme une grêle
d'orage sur des vitres : *Astaquer bonastaquer,* finale-
ment *rastaquouere,* qui n'étaient pas dans le texte.
Le lustre en trembla, mais cette cascade fit rire
toute la salle. A la sortie, spectateurs et specta-

trices, dans les restaurants et les cafés, popularisèrent ce vocable bruyant. Conséquence, le surlendemain plusieurs membres distingués de la colonie
brésilienne s'émurent, se portèrent au Palais-Royal
et sifflèrent Brasseur. Leur légation, en même
temps, faisait entendre des doléances au quai d'Orsay. La censure intervint, et la direction du Palais-
Royal força Brasseur à une manière d'acte de
contrition. Mais il était un peu tard. Le terme rastaquouère était déjà entré dans notre argot courant.
Et alors des jeunes gens originaires de l'Amérique
espagnole se plaignirent, non sans quelque raison,
que ce sobriquet les englobait avec les Brésiliens.
Brasseur dut assurer toute l'Amérique centrale et
méridionale, république par république, de la pureté
de ses intentions. Ce fut du reste pour lui une
occasion si rarement saisie par un Français d'apprendre sa géographie.

En ce temps-là les Mexicains étaient à peu près
les seuls enfants de l'Amérique espagnole installés
à Paris. Les Errazu, les Escandons, les Villamil y
ont même contracté des alliances. Les autres Américains du Sud et surtout les Argentins qui vinrent
plus tard, ont conquis chez nous de nombreuses et
durables sympathies pour leur bonne éducation
exempte d'étalage, si bien que le mot rastaquouère
devenu *rasta* tout court, a perdu tout son sens
ridicule primitif étant devenu presque synonyme
d'apache.

Les Allemands.

Bien avant 1870, sauf avec les deux Boches dont
un Juif, qui m'ont invité à un bal raté aux Frères
Provençaux, je ne me souviens pas d'avoir échangé

à Paris dix paroles et encore je les ai regrettées en
1870. Comme ils ne valent pas plus cher en tant
que vaincus que vainqueurs, j'accepte la perspective d'en rester toujours là avec les enfants du
peuple dont M. Herriot cajolait si humblement les
représentants à Londres, le même jour où il chassa
les Sœurs Clarisses d'Alençon coupables de prier
Dieu, même pour lui.

CHAPITRE VI

LES COURSES

J'étais en rhétorique, un dimanche, jour de sortie,
sauf pour les élèves mis en retenue. Je devais être
de ceux-là, l'après-midi où un pion nous mena en
promenade au Trocadéro qui était alors à peu près
la campagne et dont les tertres plongeaient sur
le seul terrain de courses d'alors, le Champ de
Mars. On nous fit faire halte pendant qu'assis à
quelques mètres de nous, sur le gazon, le pion suivait les péripéties des trois épreuves annoncées,
avec une lorgnette. Nous faisions de même avec
nos propres yeux, groupés autour de notre camarade Poitrasson.

Poitrasson avait sur les courses des notions spéciales puisées près de son père qui était fabricant
de voitures. Nous l'écoutions comme un oracle, tout
le temps qu'un programme en main, il nous désignait doctoralement les chances des chevaux engagés, tout en nommant les propriétaires : M. Lupin,
C. de Lagrange, Fasquel, Mme Latache de Fay.

C'est ainsi qu'il nous annonça le gagnant « sûr »,
dans la course principale, ce qui nous engagea à
faire entre camarades une poule à vingt sous. Je
ne me rappelle plus qui de nous la gagna et me
souviens seulement que le favori de Poitrasson
arriva mauvais dernier et que, beau joueur, il
n'accusa pas le propriétaire d'avoir « tiré » son
cheval.

Je saute maintenant quatre ou cinq ans pour
arriver plus vite à une création qui, aux yeux de
plus d'un, fait aujourd'hui plus d'honneur au Second
Empire que l'excellente constitution antiparlemen-
taire de 1852, l'hippodrome de Longchamp. Un
contemporain très averti, comme on dit maintenant,
le commandant de La Redorte, a bien voulu fixer pour
moi sur le papier ses souvenirs vécus.

L'hippodrome de Longchamp, avec ses tribunes
spacieuses pour l'époque, son champ de courses
admirable, put, tout de suite, rivaliser avec celui
de n'importe quel pays. Là tout se passait comme
un peu en famille sous l'égide du Jockey-Club et
de quelques grands seigneurs, qui ont fondé la
Société d'Encouragement. Le comte de La Rochette
était starter au départ, le comte de Noailles juge
à l'arrivée, le comte Hocquart handicaper. Toutes
ces fonctions gratuites bien entendu, ces messieurs
ne voulant d'autre récompense de leur travail
que le bien des courses. Parcourez du reste la liste
des propriétaires d'écuries de cette époque : vous
n'y verrez que des élites. Si quelque nouveau venu,
étranger au Club, se risquait à faire courir, il était
plutôt vu d'un mauvais œil. On en voulait à cet
intrus de se glisser là où il n'était désigné ni par
son nom ni par ses relations. Par là, du reste, le
pesage de Longchamp fut, dans les dernières années

de l'Empire, renommé pour son élégance. On y arrivait en superbe équipage, la daumont jaune de la princesse de Metternich, la calèche à livrée rouge de la princesse de Sagan, la demi-daumont du prince Demidoff, et quels assauts de toilettes et d'attelages ! Le ton était donné par la cour qui faisait une entrée sensationnelle avec ses daumonts à la livrée verte encadrées de splendides cent-gardes.

Longchamp a eu le mérite de ne pas porter ombrage au doyen des champs de courses plates : Chantilly ! Sans doute on ne passait plus dans la ville des Condé toute la semaine précédant le derby comme antrefois. Mais c'était une partie de plaisir de s'entasser les uns sur les autres en chemin de fer et, à l'arrivée, de se dégourdir les jambes en faisant à pied le trajet dans la forêt jusqu'aux tribunes, les femmes, au retour, de se charger les mains de muguet. Un aveugle, clairvoyant le reste de la semaine, posté au détour d'une allée, dans la forêt, tendait sa sébille aux passants ; il en éliminait ensuite soigneusement les pièces du Pape et les sous belges.

Je passe aux courses d'obstacles. En tête la Marche. De tous les gentlemen-rider, le plus en vue a peut-être été Omer Talon qui exécuta d'audacieuses prouesses, celle par exemple, de courir quatre heures de suite avec un pied lié. Autres cavaliers très en vue, Cossette, Nivière, Saint-Germain qui devait se tuer aux courses de Spa, Roy, encore vivant et droit sur sa selle au Bois tous les jours.

Grande affluence aussi à la Croix de Berny et à Vincennes.

Vincennes. Je puis vous apporter un souvenir

personnel à propos de ce dernier hippodrome. Ce
fut la malencontreuse apparition de la théâtreuse
Ferraris au faubourg Saint-Antoine, dans une daumont conduite en poste par le Bichet que j'ai laissé
plus haut soufflant dans la clef à lui confiée par
Caroline Hassé. N'ayant pas complètement perdu le
contact avec ce labadens, je savais son dessein de
faire à Ferraris une belle réclame. Pour en avoir
la primeur, deux ou trois camarades et moi, nous
nous portâmes au faubourg Saint-Antoine où la
daumont devait forcément passer. Ce ne fut pas
très commode de nous caser car les citoyens des
deux sexes du quartier nous avaient précédés, formant une masse compacte, nous gênant pour bien
voir. Heureusement, dès que Bichet parut, la foule
devant son attelage sensationnel et tapageur s'écarta
sur les trottoirs de droite et de gauche pour l'en-
gueuler plus à l'aise. Je pus alors le contempler
dans toute sa gloire. Il plastronna, montra le poing
à deux mégères qui lui hurlaient la chanson à la
mode sur le Henri IV du Pont-Neuf : « Descends
donc de ton cheval, eh! feignant! » Quelle scène!
Bichet tempêtant, Ferraris trépignant de peur et
tout à coup dressée, commandant à Bichet : « Au
Bois! » — « Au bois de lit, punaise», lui beugle une
virago à ma droite, et cela met en joie tout le faubourg.

Entre temps, j'ai vu le derby d'Epsom.

J'ai vu, façon de parler; veuillez me lire jusqu'au bout de ce véridique récit.

Un ami m'avait indiqué Portland Place à
Londres, un hôtel dont c'était la spécialité de
mobiliser un mail gigantesque à destination du
Derby. Une guinée par place, vingt-six francs au
cours de la livre d'alors, c'était donné! Pour une

demi-livre en plus, nous avions droit à des provisions de bouche solides, comme on les apprécie de l'autre côté de la Manche. Autres atouts : d'abord m'étant inscrit à temps pour le mail, j'avais droit à une place au premier rang ; ensuite, ce jour-là, un ciel resplendissait, invraisemblable sur les rives de la Tamise, même en juin ; enfin, sur mon véhicule, deux voisinages à souhait : à droite une jolie Anglaise blonde aux yeux bleus, à ma gauche un quinquagénaire assez diaphane pour ne pas m'obliger à serrer mes genoux l'un contre l'autre. Bref toutes les chances d'amusement : la joie de vivre.

« En très bon ordre nous partîmes », comme disait l'acteur Dupuis dans *Barbe-Bleue* d'Offenbach. Les quatre chevaux, enveloppés d'un coup de fouet circulaire et savant, s'ébranlèrent sur le pavé de la place au cri assourdissant d'un « Hip ! Hip ! » prolongé. Je ne voyais que le dos de notre cocher, mais en me penchant de côté et le voyant de profil il me parut un peu jeune. Je trouvai bon air à son profil de beau garçon.

Ma jolie voisine ayant échangé avec lui un coup d'œil amical, acheva de l'identifier pour l'édification générale de mes compagnons de route :

« C'est, nous dit-elle, un jeune homme de bonne famille, membre de deux grands clubs, le Turf et le Marlborough. Il nous conduit aujourd'hui pour son plaisir, « et pour le nôtre », se hâta-t-elle d'ajouter, avec une assurance qu'il ne me fut pas possible de partager.

En thèse générale, je me méfiais des amateurs en littérature, en art par exemple, mais au moins avec ceux-là je n'ai qu'à ne pas apprendre par cœur leurs écrits et à m'éterniser moins encore devant leurs toiles ou leurs bustes. Tandis qu'avec un cocher amateur il me sembla que je m'exposais un peu plus qu'avec un professionnel à une dégringolade de plus de deux mètres sur le pavé de la reine Victoria. Or, tout juste en quittant Portland Place, le mail obliquant vers une rue à gauche, tout à coup une secousse formidable me jette sur les omoplates pointues de mon voisin de gauche. Le cocher avait pris trop court au tournant. A mon cri étouffé du mieux que je puis, répond derrière moi un chœur de doléances sonores. Seule ma jolie voisine de droite, stoïque et souriante, nous donne ces bonnes paroles : « Tournant pris trop court, *no matter*, un rien. » Tout de même, nous réclamons cinq minutes d'arrêt pour souffler. Conséquence ! Pendant ce stationnement, cinq ou six voitures qui nous suivaient nous devancent; autant de spectateurs qui seront mieux placés que nous sur le champ de ces courses. Première guigne !

Autre mécompte : Epsom me joue le tour d'être à cinq lieues de Londres, ce qui ne veut pas dire en pleine campagne. Des maisons et des maisons se dressent sans discontinuer, le long des rues qui ont elles aussi des tournants susceptibles d'être pris trop court. J'aurais donné une demi-guinée pour n'avoir plus comme cocher un membre du Turf ou du Marlborough. Quant à demander une échelle pour descendre, grand merci, je me serais fait huer, l'Entente n'étant encore que demi cordiale, comme elle l'est redevenue... Donc je laisse le fouet du jeune homme de bonne famille envelopper de nouveau savamment son attelage. Cela va à peu près tant que nous suivons cette longue rue, et encore si elle voulait bien aller jusqu'à Epsom ; mais elle ne va pas jusqu'à Epsom. Elle va jusqu'à un carrefour où le jeune membre du Turf et du Marlborough, tourne trop court. Le mail se heurte à une encoignure impitoyable et de nouveau nous voici projetés les uns sur les autres. Les hommes crient, les femmes gémissent. La jolie blonde n'a plus le sourire et même un voile de tristesse s'étend sur ses beaux yeux bleus, quand mon voisin maigre qui s'était levé tout droit, dévisagea le jeune homme de bonne famille, avant de prononcer distinctement : « He's drunk » (Traduisez en argot parisien : « Il est saoul. »)

Eh! mon Dieu, nous avons fini par arriver, mais dans quel état! S'il y a un dieu pour les ivrognes et ceux qui ont l'imprudence de se faire conduire par eux aux courses, sa mansuétude ne saurait être infinie. Si, d'autre part, nous étions arrivés mauvais derniers et inaperçus, il n'y aurait eu que demi-mal, mais à la vue de nos tuyaux de poêle défoncés, des chapeaux de femmes aplatis sur les oreilles, un immense public nous accueillit par une explosion d'hilarité, plus particulièrement du haut des voitures qui nous avaient dépassés. Celles-ci, par surcroît, nous masquaient la moitié de l'hippodrome, tandis que la vue de l'autre moitié nous était bouchée hermétiquement par une tente de toile grise plus élevée au moins de six mètres que notre mail et large en proportion, et à l'entrée de laquelle s'inscrivait en grosses lettres ce mot sibyllin que j'avais déjà vu à Londres sur tous les endroits où l'on affiche, et il y en a, « Zoedone ».

Qu'auriez-vous fait à ma place? Pour ma part, condamné à rester au sommet de mon véhicule, d'où je ne pouvais même pas apercevoir la queue du cheval du Derby arrivé dernier comme nous, je suivis l'exemple de mes compagnons d'infortune, qui pour la plupart hâtivement descendus de l'échelle,

Cliché Tallandier

Traîneaux au Bois de Boulogne,
d'après un dessin de GUÉRARD

s'égaillaient sur la pelouse, et de là entrèrent en curieux sous la tente du Zoedone. Un prospectus qu'un gamin me fourra sous les yeux m'aiguilla vers un comptoir de bar interminable où des servantes versaient un breuvage jaune d'aspect dans de grands verres. Je m'en fis servir un. C'était — j'ai eu le regret de l'apprendre le lendemain — l'invention d'une très honorable société de tempérance. Une si affreuse mixture a failli me rendre intempérant pour le reste de ma vie. Premier écœurement de la journée.

Voici le second : au sortir de la tente du Zoedone, toute une foule de gens convenablement mis entourait à distance respectueuse deux gaillards qui se livraient à un pugilat en règle. Ce n'est pas ce jour-là que j'appris le sens des vocables *swing*, *round* et autres pour une raison qui me dispense des autres : le silence de mort gardé par les spectateurs et par les combattants. Je n'ai même pas entendu pousser un soupir à celui de ces derniers qui s'écroula à terre, la lèvre fendue et saignant du nez comme un bœuf du Durham. Il paraît que ces deux jouteurs étaient non des professionnels mais des fils de bonne maison faisant de la boxe « pour leur plaisir » comme mon cocher amateur.

Au moment de regagner mon mail, je reçus sur la joue quelque chose de dur, qui tomba par terre et que je ramassai. C'était un os de poulet lancé du haut de notre mail par quelques-uns de mes compagnons qui, se rappelant la présence de notre panier à provisions dans l'intérieur, l'avaient hissé jusqu'à eux. Or ce n'était pas à moi qu'était destiné ce projectile, mais philanthropiquement à des malheureux déguenillés irlandais, m'a dit un ami Anglais, qui se disputaient ces os comme les chiens dévorants du « Songe d'Athalie ». J'entends encore le bruit des dents de ces faméliques faisant craquer les carcasses et les pilons...

Je vous passe mon retour à Londres, non pas dans le mail, grand Dieu! ni dans un autre, mais dans un méchant omnibus pour six personnes où nous étions vingt, de là dans un wagon de troisième encore plus bondé, auxquels j'ai dû une semaine anglaise de courbatures. Depuis ce jour-là, je ne vais même plus au Grand Prix.

Je ne dois pas y perdre grand'chose si j'en crois un ami qui veut bien fixer mes idées. Il. m'écrit :

« Les courses ont perdu leur élégance, en devenant populaires et aussi envahies par les aventuriers. Pas un parvenu louche qui ne veuille avoir une écurie, ne serait-ce que pour avoir droit à une place dans la tribune des propriétaires. Il y a quelques années, on cherche le gagnant pour le présenter au Président de la République. On ne le trouve pas. On se renseigne, et l'on est obligé de revenir dire au Président que le monsieur est en prison pour escroquerie. »

Autre grief pour les vieux Parisiens : le retour n'est plus amusant. Il l'était tellement pour moi, une fois que j'étais assis près de l'Arc de Triomphe, dans le coin qu'on nomma le Club des Pannés, où je rencontrais des camarades. Ceux-là, venant des courses, lâchaient leur voiture, nous rejoignaient et tous ensemble nous nous plaisions à dévisager une à une les petites amies suivant lentement la file, étendues dans leur victoria. Souvent la voiture était arrêtée par un encombrement propice. Alors de loin on criait une invitation à dîner pour le soir, de plus près l'on échangeait des bêtises. C'était délicieux. Il fallait une bonne heure pour aller de l'Arc de Triomphe aux chevaux de Marly. L'automobile vertigineuse avec la poussière qu'elle soulève ne permettant pas de voir un bout de nez de femme a porté le coup de la mort au Club des Pannés : A bas le progrès! comme dirent les Goncourt.

Le tour du Lac.

Le tour du Lac : quel joli emploi de temps pour des oisifs! Quelle fête des yeux! Songez qu'il y avait des chevaux de selle incomparables dans ce temps préhistorique. Et comme ils étaient bien campés sur un pur sang, ce comte d'Evry, ce Saint-Germain, ce Vansittart, ce Feuillant! Et les femmes, à l'avenant. Je pourrais citer jusqu'à deux ou trois mondaines aussi à leur aise en selle qu'une Cora Pearl, et autrement jolies qu'elle, cette Skittles dont le *spider* suivi de deux hommes d'attelage a fait sensation.

Le matin ou dans l'après-midi, en même temps que défilaient tous les véhicules sortis des ateliers de Belvalette, Binder et Mulbacher : breaks, daumonts, demi-daumonts, calèches, landaus, victorias, coupés, il était aussi de bon ton de conduire un phaéton, un dog-cart, un tonneau. Le « cocher » mondain le plus réputé, était le comte de Sainte-Aldegonde. Très bons « fouets » aussi, le prince Troubetzkoï, MM. Wilkinson, Oppenheim, impassibles et graves sur leurs *mails* impeccables.

Les principales curiosités du tour du Lac pour être quotidiennes n'en étaient pas moins les bienvenues. Les cous des jeunes femmes se penchaient, les ombrelles se dégageaient des doigts pour dévisager plus commodément, immobile dans un huit ressorts, les deux mains collées aux genoux, l'œil perdu dans le vague, très digne, M. Musard. A

côté de lui, une fort belle blonde, sa compagne
légitime.

Peu de femmes ont été aussi enviées que
Mme Musard par les autres professionnelles. Songez
donc, elle avait des voitures de haut style, des
robes de chez Worth, des diamants de chez tous
les grands joailliers. Avec cela l'amant rêvé, souvent absent, de hautes fonctions l'éloignant forcément de Paris, la moitié du mois. Ce « morceau de roi » a été vraiment la reine des reines de
la main gauche. Combien de temps a-t-elle joui
des faveurs de la destinée? Je l'ai eue pour voisine
de chambre peu d'années après l'Empire à l'Hôtel
Impérial de Jersey. C'était pitié de la voir passer
dans le couloir, marchant difficilement, car un
large bandeau, lui couvrant l'œil gauche, gênait
ses pas. Le voisin du landau au Bois marchait
respectueusement derrière elle. Un soir, de ma
chambre, j'ai entendu, leur porte à peine fermée,
tout de suite un lamentable cri de femme : « ...Mou-
rir, je voudrais mourir! »

Ce vœu s'exauça à peu de semaines de là. Les
journaux donnèrent des détails attristants sur la fin
lamentable de la belle Mme Musard. L'autre œil
s'était fermé à son tour et la cruelle perspective
d'être aveugle lui aurait fait avaler du poison.
En tous cas les obsèques furent discrètes. Derrière le char, outre les domestiques, un seul homme,
le mari, qui représentait « le Monsieur » auguste
avec autant de décorum qu'autour du lac du Bois
de Boulogne.

Autre curiosité également, les deux êtres disgra-
ciés que Paris avait pris à tic et dénommés « le
Pou et l'Araignée ». Quand on reconnaissait leur
landau de médiocre apparence, les fous rires se

contenaient difficilement. Longtemps on supposa le couple résigné à servir de pâtiras. On se trompait. Un soir l'Araignée, voyant passer devant sa baignoire, au théâtre, un jeune homme qui fit le geste de se gratter, lui cassa son éventail sur le visage. De là, entre ce jeune homme et le Pou, une rixe où le Pou ne se laissa pas écraser.

Troisième et dernière attraction : un garçon de douze ans, rose et joufflu, assis à côté du cocher. Ses parents — il s'appelait Baquer de Retamosa — étaient dans la voiture. Le gros garçon les ignorait et semblait ignoré d'eux. Il ne parlait pas au cocher, ne bronchait pas, ne jetait jamais un regard sur les belles dames. On le voyait, tous les jours que Dieu faisait en hiver, geler sur son siège, lui l'enfant des Tropiques, héroïquement.

Le concert Musard.

En été par la chaleur, qui faisait faire aux caisses des théâtres moins que le minimun, on se ruait au concert Musard, qui s'appela plus tard Besselièvre. Quel dommage que cette promenade ait disparu! C'était un vrai charme en été. Je me rappelle une nuit étoilée et douce du printemps de 1867. On se parlait bas pour jouir mieux de la joie de vivre. Tout à coup, quelqu'un jette dans un groupe la nouvelle que l'empereur Maximilien venait d'être fusillé par ses sujets mexicains. Un officier d'ordonnance de l'empereur ayant ensuite confirmé l'affreuse tragédie les dames se pressèrent autour de lui, avides de détails. Et ce fut des : « Ah! mon Dieu! » des : « C'est terrible! » prolongés une demi-heure entière. Puis, après un silence, un jeune homme arrivant des Variétés cita deux mots drôles entendus par lui dans la loge d'Hortense Schneider, entre le « un » et le « deux » de la *Grande Duchesse de Gérolstein*, et les deux mots drôles amusèrent.

CHAPITRE VII

LE BOULEVARD

Promenade au centre des élégances. — Les grands magasins
le jour et le soir.

Le boulevard tel que je l'ai connu lors de ma
prime jeunesse a été une création du Second Empire
aussi incontestée que la crinoline. Sa caractéristique
a été d'être une promenade avec ce que ce mot
comporte de va-et-vient nonchalant, amusé et facile,
non un passage où bien des gens, des femmes surtout, s'abstiennent de mettre le pied de peur d'être
bousculés par des personnes affairées, heurtés par
des encombrements, contusionnés et même écrasés
par les autobus et camions automobiles débouchant
des rues transversales.

Maintenant, entendons-nous sur le mot « boulevard » . A la date dont je parle toute la ligne qui va
de la Bastille au Faubourg Montmartre s'était peu
à peu sensiblement démodée. Passé le temps où dans
Gustave le mauvais sujet de Paul de Kock le jeune
dandy, heureux d'être riche avec douze mille livres
de rente, descendait, le stick à la main, de son

entresol du boulevard Saint-Martin pour monter sur
le siège de son tilbury.

C'est en réalité de la rue Drouot seulement que
le boulevard commençait d'être à peu près chic. La
cause ? D'abord cette loi de la poussée vers l'Ouest
déjà manifeste dans deux autres capitales et qui
favorisa à Paris le boulevard des Italiens et la partie
gauche du boulevard des Capucines, ensuite la
décadence du Palais-Royal auquel dès le règne de
Louis-Philippe, la suppression des jeux publics avait
porté un rude coup. Sous les arbres de ce jardin
où, aux beaux soirs d'été, pendant les entr'actes de
la Maison de Molière, sa voisine, les « incroyables »
donnaient leur « *parole d'honneur* » d'être pour
les Merveilleuses des amants constants, on commençait à ne plus voir dès 1860 que le bon bourgeois
arrivant à onze heures cinquante-cinq, réglant sa
montre à midi sur le coup de canon parti de l'intérieur du palais. A cette date, en effet, les essais de
galvanisation du centre des élégances parisiennes
ayant échoué, il n'était déjà plus de mode de le
remettre à la mode.

Le boulevard : quel accapareur, bien entendu
avec son prolongement magique, les Champs-Élysées
et le Bois de Boulogne, dès que ce dernier eut son
Lac dont j'ai, enfant, de temps en temps le dimanche,
vu creuser le lit. J'ignorais les autres quartiers
de Paris aussi complètement que l'Afrique Centrale.
A peine si je passais l'eau pour savoir de temps en
temps si le petit ruisseau de la rue du Bac, cher à
Mme de Staël, avait été détourné ou séché pour les fon-
dations des bâtisses neuves du faubourg Saint-Germain. Ai-je mis seulement dix fois les pieds dans la
Cité ? Ai-je même connu l'emplacement de l'hôtel
Lauzun, de l'hôtel Lambert, de l'hôtel Carnavalet.

Il avait bien son lac aussi le bois de Vincennes, mais ce n'était pas chic d'aller dîner souvent à la Porte Jaune, depuis que Bobinet, de *La Vie Parisienne*, avait dit, ironique : « Très gentil, le Bois de Vincennes : on y rencontre les artilleurs. » Inutile d'ajouter que je ne connais encore aujourd'hui les catacombes et les égoûts que sur la foi des provinciaux ou des étrangers qui m'ont servi les récits de leurs excursions dans ces profondeurs sûrement mal odorantes. Bref, j'ai été un Parisien fragmentaire pour qui le boulevard fut l'axe unique, le pôle intégral.

Les élégants étaient tous portés vers ce lieu de délices. Ils habitaient très près. Le prince du chic et de Sagan couchait chez lui rue Caumartin, quand il n'avait pas ses pantoufles autre part. Le duc de Grammont-Caderousse descendu de son phaéton pour monter l'escalier du Jockey-Club, rue de Grammont, en redescendait dare-dare sur ce mot du concierge : « Mme Hortense Schneider fait dire qu'elle attend Monsieur le Duc chez elle. » Et le cheval du duc n'était pas sur ses boulets à l'arrivée, car la grande duchesse de Gérolstein demeurait à l'entrée de la rue La Fayette, au coin de la rue Laffitte.

Combien reste-t-il aujourd'hui de ces magasins alléchants par la simple vue de leur enseigne célèbre dans toute l'Europe? Bien peu. Fortune faite ou découragés par un essai infructueux pour la faire, peu à peu nombre de boutiquiers en renom ont cédé la place non seulement à des banques, mais à des magasins de perles au rabais ou de chaussures toutes faites. C'est ainsi qu'ont disparu Tahan, le grand fournisseur de mobilier, Giroux où se débitaient toutes les nouveautés d'articles de Paris, Verdier, Cazal et leurs cannes, objets présentement désuets, alors à la dernière mode. Relégué à l'état de souvenir ce fameux Tortoni devant qui les enfants, s'ils avaient été sages, étaient menés *voir* manger des glaces.

Autre attraction intéressante, le voisinage de l'Opéra rue Le Pelletier. Les promeneurs arrêtaient leur arpentage à la fin du jour pour s'orienter par cette rue ou par le passage de l'Opéra vers la sortie des danseuses, grandes ou petites, qui venaient de répéter. Et c'était alors avec les petites amies l'arrêt chez Rollet le pâtissier du passage ou plus haut chez Frascati, de rapides engloutissements d'éclairs et de tartelettes, car on dînait à sept heures.

Le soir, nouveau va-et-vient, surtout entre l'Académie Impériale de Musique et le cher boulevard. Plus d'un gandin lâchait l'acte suivant et même le reste de la pièce, s'il avait rencontré sur un coin de l'asphalte une aimable camarade qui, de son côté, arrivait de l'Opéra-Comique ou des Italiens, place Ventadour. Pendant ce temps, dans leurs loges, les légitimes et les autres braquaient des lorgnettes fébriles vers un Faure, un Mario, un Capoul, en se berçant de l'illusion que c'était pour elles seules dans la salle que roucoulaient ces irrésistibles.

CHAPITRE VIII

LES RESTAURANTS A LA MODE

Café Anglais, Maison d'Or, Bignon : ses déjeuners. Les Dîners.
Ce qu'était la salle commune. — Patrons et maîtres d'hôtels.
— Le cabinet des femmes du monde. — Les soupers. — Mon
premier souper. — Fin de soirée.

Il s'ouvrait, comme maintenant, des restaurants
tous les jours. Quelquefois c'étaient de simples
mannezingues auxquels était échue la bonne fortune
de posséder un très bon cuisinier. Les gourmands
affluant, le patron vendait le zinc de son comptoir
sur le quai de la Ferraille, doublait les gages de
son chef et en peu de temps quintuplait sa fortune
à lui. Ainsi se sont transformés Foyot, au quartier
latin, et Maire, au coin du boulevard de Strasbourg.
J'ai connu aussi des vieilles réputations, Philippe,
rue Montorgueil; Brébant, rue Neuve Saint-Eus-
tache, aujourd'hui d'Aboukir; et, toujours debout
celui-là, Voisin. Au Palais-Royal, les noms de Véfour
et des Frères Provençaux restaient populaires en
province et à l'étranger. Mais le démodage déjà
commencé au Palais-Royal leur préjudiciait grande-
ment. Également la persistance des patrons dans de

vieux errements, leur refus d'accepter cette nouveauté, le menu, qui permet de fixer son choix très vite et de ne pas manquer le théâtre. Pour eux, l'essentiel d'un dîner était d'être commandé la veille et discuté plat par plat. Cela parut de la routine. Donc on les laissa à leurs chères habitudes, pour se porter vers les restaurants du boulevard des Italiens, le Café Anglais, la Maison d'Or et le Bignon du coin de la Chaussée-d'Antin. Seul, le premier n'accepta pas le menu abondamment varié, depuis le potage jusqu'au dessert. Très laconique la carte tendue par le maître d'hôtel : un potage, un poisson, un rôti, un légume et comme dessert, l'éternelle mousse au chocolat emprisonnée dans du papier gaufré, mais il finit par céder à peu près au courant dès qu'il vit les concurrents s'y jeter avec profit.

La clientèle? Bon tiers d'étrangers. Mais pas plus. On pouvait parler français sans étonner son voisin de table. Comme Français, une grande majorité de célibataires de tout âge, les jeunes vivaient de leurs rentes ou écornaient leur capital, les autres, vieux garçons, des habitués, se faisaient réserver leur coin, formant des petites bandes à déjeuner.

Beaucoup de gens d'affaires au Café Anglais, le plus voisin de la Bourse. Un banquier, un agent de change, entre les œufs brouillés aux truffes et le camembert, — quelle merveille, le camembert d'alors ! — recevaient la cote de la Bourse des mains des commis qui faisaient la navette. Elle était vite parcourue, les chiffres des valeurs cotées étant dix fois moindres qu'aujourd'hui. Il n'en advint pas moins qu'un jour le financier X..., après avoir jeté les yeux sur la cote, avec calme se leva de table, s'absenta trois minutes au vestiaire, et revint, pâle mais soulagé, reprendre sa place, et la conversation

commença avec son voisin. Ce fut un bel exemple
de maîtrise de soi. La seule valeur sur laquelle X...
spéculait venait de s'effondrer dans un krack qui
resta mémorable, lui faisant perdre 100.000 francs,
ce qui n'était pas tout à fait une paille en ce temps-
là, pour une matinée de financier.

La salle commune était monopolisée par le sexe
fort. Les femmes mariées ne s'y montraient guère
qu'en été et entre deux trains. Il n'était, du reste,
reçu, sauf en de rares occasions et pour des parties
fines entre « ménages amis », de dîner dans un cabinet
particulier où l'on risquait de croiser de « vilaines
femmes » dans le couloir.

Exceptionnellement, le Café Anglais possédait un
cabinet, le Marivaux, donnant sur la rue de ce nom.
On l'appela le cabinet des femmes du monde, car
celles-ci y accédaient par un escalier spécial, qu'elles
montaient très vite, de peur d'être reconnues. Or,
les belles mystérieuses ne se doutaient pas de la
nécessité qu'une porte soit ouverte ou fermée. Les
clients qui dînaient dans la salle commune de l'entresol, à une table contiguë au cabinet Marivaux,
pouvaient, grâce à un jeu de glaces et à la com-
plaisance ou à l'étourderie d'un garçon laissant la
porte entre-bâillée, dévisager les occupants du
cabinet, ne fût-ce que pendant la durée d'un éclair.
Un des dîneurs de la salle commune reconnut un
soir sa légitime épouse en train de donner plus que
des espérances à un intime ami du ménage.

A l'instar de tant de notaires qui se font remplacer
auprès des clients par leurs maîtres clercs, les patrons
des trois principaux restaurants du boulevard ne
s'exhibaient guère à nos yeux, même quand ils
s'attendaient légitimement à des compliments sur
leur cuisine ou leurs vins. Ils ne daignaient guère

se montrer qu'aux seules Altesses. Je ne crois pas avoir jamais aperçu M. Bignon au restaurant portant son nom, ni M. Delhom, propriétaire du Café Anglais. Très rarement également l'œil du maître se promena, moi présent, sur les tables de la Maison d'Or. Mais l'excuse des frères Verdier, ses directeurs, était la ferveur de leurs opinions politiques. Républicains avancés, ils hantaient le soir les réunions publiques ou privées, où il était dit pis que pendre de la jeunesse oisive qui dînait et soupait chez eux, à la même heure, et laissait son bel argent à leur caisse.

Guère visibles davantage les maîtres queux. Je n'ai parlé qu'au seul Dugléré, du Café Anglais, qui a donné son nom à une sauce, mais qui, du reste, eût paru médiocrement flatté de mon suffrage approbateur de ce condiment car sa figure glabre et grave ne s'éclairait que lorsque je le complimentais sur son flair en fait de tableaux. Ce qui était justice. Ayant fait de mauvais placements (c'était bien la peine d'avoir servi chez Rothschild), il put combler son déficit, par la vente d'une partie de ses toiles de maîtres.

En réalité, les dîneurs ordinaires étaient seulement en contact avec les maîtres clercs, autrement dit les maîtres d'hôtels : au Café Anglais, Ernest; à la Maison d'Or, Joseph ; chez Bignon, Henry.

Ces deux derniers formaient entre eux un contraste absolu. Henry était gras, tout rond, toujours souriant avec des yeux saillants, de bonnes lèvres gourmandes. Et le geste lent et moelleux par lequel il répartissait la sauce le long d'une barbue au vin rouge ou sur un filet Richelieu inspirait l'envie de manger le maître d'hôtel par surcroît. Rien que de le voir donnait de l'appétit aux plus dyspeptiques.

Joseph était un pauvre être menu, courbé, piteux,

miteux. Il portait un plat comme si c'était le diable
en terre. Si les frères Verdier gardèrent toujours ce
rabat-joie qui semblait avoir été engagé au Père-
Lachaise, c'est parce qu'il était le type du serviteur
attaché jusqu'au fanatisme à la maison, où il trimait,
sur ses jambes cagneuses, de sept heures du soir à
sept heures du matin. Ah! il l'aimait bien sa Maison
d'Or!

Mais la personnalité la plus imposante des trois,
c'était Ernest, le maître d'hôtel du Café Anglais,
un grand et bel homme, distingué à sa façon. A le
voir, avec sa serviette, débarrasser augustement une
table de ses miettes de pain, on l'eût pris pour un
maître de maison s'occupant à dresser un nouveau
serviteur. Si nous n'allions pas jusqu'à l'appeler
M. Ernest, pour n'être point confondus avec les
garçons sous ses ordres, c'était tout juste.

Bien entendu, sur le boulevard, dès les premières
chaleurs, la clientèle se raréfiait à tous les repas.
Elle ne se portait guère vers l'est de Paris, sauf au
restaurant de la Porte-Jaune, à Vincennes. L'immense
majorité adoptait les restaurants des Champs-Élysées
et du Bois de Boulogne qui, en hiver, comme l'a
dit le patron de l'un d'eux, devaient compter exclusivement sur les adultères pour nouer les deux bouts.
Ledoyen, Laurent, le Moulin-Rouge ont gagné des
fortunes au cours des longs étés rémunérateurs et
à bon droit, la cuisine y étant aussi savoureuse que
sur le boulevard. De plus, pour les dîneurs dans le
jardin, sous les arbres, c'était une fête des yeux
que de les lever, à l'heure du dessert, dans la direction
des fenêtres des cabinets s'ouvrant presque toutes
à la fois. D'en bas, la tête dressée, nous passions la
revue des dîneuses, qui venaient s'accouder au

balcon. Nous les reconnaissions, malgré l'ombre où leurs têtes se trouvaient plongées, à la faveur des bougies ou d'une cigarette allumée exprès par elles pour se faire identifier. Invisibles pour les amants restés au fond du cabinet, nous adressions aux « belles petites » l'hommage de cette télégraphie sans fil, surtout sans fil de la vierge, qui consiste en deux doigts promenés le long des lèvres, et d'être récompensés par des sourires faisait bondir nos cœurs ingénus.

En sortant de chez Ledoyen, Laurent, du Moulin-Rouge, on se portait vers le cirque des Champs-Élysées, Mabille, le Château des Fleurs. Au contraire, les restaurants du Bois de Boulogne, le Pavillon d'Armenonville, la Cascade accaparaient les dîneurs toute la soirée. Sous leurs épais ombrages, nous aspirions le chalumeau des sherry goblers, charmés par des sonorités de piano accompagnant des valses dans la grande salle du premier.

Enfin, plus loin encore, c'étaient, toujours en poussant vers l'Ouest, le bout du monde pour Nestor Roqueplan, c'est-à-dire les fortifications passées, le restaurant de Saint-Cucufat, les étangs de Ville-d'Avray et surtout le Pavillon Henri IV de Saint-Germain. Tout le long de cette terrasse nous passions en revue, lorgnettes en mains, les quatre coins de Paris, de Montmartre à Montrouge, de Neuilly à Saint-Mandé. Je dirai plus tard un mot sur la soirée où de ce poste je t'ai vu flamber, hélas !

O Paris, gai séjour de plaisir et d'ivresse !

le premier soir de ces incendies de la Commune, où les Tuileries commencèrent de brûler.

*
* *

Les Soupers.

Et au sortir de ces dîners? Au sortir de ces dîners les intrépides allaient souper.

Où? Comment? Écoutez ces paroles de Meilhac et Halévy, musique d'Offenbach, dans *La Vie parisienne,* opérette. On est au Café Anglais :

C'est ici l'endroit redouté des mères,
L'endroit effroyable où les fils mineurs
Font sauter l'argent gagné par leurs pères
Et rognent la dot promise à leurs sœurs.

Suit le tableau :

A minuit sonnant commence la fête.
      Maint coupé s'arrête.
      On en voit sortir
De jolis messieurs, des femmes charmantes
      Qui viennent pimpantes
      Pour se divertir.
La fleur du panier des brunes, des blondes,
Et, bien entendu, des rousses aussi.
Les jolis messieurs sont de tous les mondes,
C'est un peu mêlé ce qu'on trouve ici.
Tout cela s'anime et se met en joie.
      Froufrou de la soie
      Le long des couloirs.
C'est l'adagio de la bacchanale
      Dont la voix brutale
      Gronde tous les soirs.
Rires éclatants, fracas du champagne,
On cartonne ici, l'on danse là-bas,
Et le piano qui grince accompagne
Sur des airs connus d'étranges ébats...

Le bruit monte, monte et devient tempête.
    La jeunesse en fête
    Chante à plein gosier.
Est-ce du plaisir ou de la folie?
    On parle, l'on crie
    Tant qu'on peut crier.
Quand on ne peut plus il faut bien se taire.
La gaîté s'en va petit à petit;
L'un dort tout debout, l'autre dort par terre,
Et voilà comment la fête finit.

Quand vient le matin, quand paraît l'aurore,
    On en trouve encore,
    Mais plus de gaîté.
Les brillants viveurs sont mal à leur aise
    Et dans le Grand Seize
    On voudrait du thé.
Ils s'en vont enfin, la mine blafarde,
Ivres de champagne et de faux amour
Et le balayeur s'arrête, regarde
Et leur crie : « Ohé, les heureux du jour! »

Ce rondeau donne l'impression que nous étions
restés des collégiens qui, libérés de la classe, se
précipitent dans le brouhaha de la récréation. Nous
continuions dans nos soupers avec nos « rires éclatants » dans « le fracas du champagne », criant « tant
qu'on peut crier ». Et quelle joie, quelle fierté d'être
des noctambules, nous qu'on avait fait coucher
pendant huit ans dans la geôle des dortoirs de neuf
heures du soir à cinq heures du matin !

Les drôles de bonshommes que nous étions! et si
inconséquents! Ainsi, tenez, nos compagnes de fondation étant professionnellement belles de nuit également, nous tenions certes à ce qu'elles ne fussent
point des « trumeaux » et il ne nous déplaisait pas
de leur connaître pour fournisseuses Mmes Laferrière
et Virot, mais ce que nous leur demandions avant

tout, c'était la gaieté, assourdissante, tapageuse. Nous mettions notre orgueil ingénu à être les rois du Paris endormi, tant que les sergents de ville ne nous flanquaient pas au poste pour avoir répondu par le défi de nos ohé! ohé! à leurs injonctions d'avoir à modérer nos turbulences.

Avec l'exposition de 1867 on en vit bien d'autres. Elle ouvrit à deux battants les portes des salles communes jusque-là réservées aux déjeuners et aux dîners. Ce vacarme cosmopolite et quotidien fit la fortune de deux restaurants, le Helder au coin de la rue de la Michodière et le Café Américain, primitivement dénommé Peters, à l'entrée du boulevard des Capucines.

Le Helder! Ce qu'on y a braillé, vociféré! Ce qu'on s'est cogné dans son escalier (vous verrez à mon chapitre « duels » que j'en ai su quelque chose) et ensuite dans la salle où les ivrognes se colletaient avec ce colosse d'Auguste, le maître d'hôtel! Et ces retentissantes provocations précédant les pugilats entre bandes hostiles commencés dans la salle, continués dans l'escalier, terminés au commissariat de police le plus voisin.

Donc par quel miracle, au Helder, Henri Havard parvenait-il quelquefois à se faire entendre?

Henri Havard, notre aîné de quelques années, fils d'un riche négociant des environs de la Tour Saint-Jacques, avait la manie de parler en public. Sa mine fleurie, l'aménité de son sourire et de ses façons, la douce insistance avec laquelle soudain dressé, les poings sur la table, il réclamait son droit à dire quelques mots « à l'aimable société » assurèrent un auditoire, au moins intermittent, à ses calembredaines, à ses apostrophes truculentes et inoffensives jetées aux soupeurs pris par lui comme plastrons. Par quoi il fut le précurseur de ces deux joyeux farceurs de la troisième République : Ravaud et Bertrand.

Henri Havard restera pour moi un problème dont je n'aurai oncques la clef. Cet homme, dont les improvisations du Helder ne laissèrent jamais filtrer un mot de politique antisociale, a été transporté à Nouméa pour avoir commandé un bataillon de fédérés jusqu'à la Semaine sanglante. Est-ce son étrange besoin de placer de la faconde qui le perdit? Le Helder aura-t-il été le tremplin d'où il passa sur une estrade de réunion publique pour frayer avec les pires ennemis de la société? C'est, encore un coup, pour moi un mystère. Ce qui est certain, c'est qu'à une dizaine d'années de là, je le rencontrai au Salon de Sculpture où, en sa qualité d'inspecteur des Beaux-Arts, amnistié non repentant, il prenait des notes sur un calepin qu'il remit dans la poche d'une redingote ornée la veille d'un ruban de la Légion d'honneur. Ce fut lui qui me battit froid le premier.

Le Café Américain, qui eut plus tard l'honneur de servir de lieu de réunion à ce groupe des Faucheurs où passèrent tant d'*as* de la littérature et du pinceau, dut sa prospérité, tout au moins à ses débuts, à l'habileté de sa direction. Lucien Claudon eut ce mérite, peu fréquent chez un patron, de mettre lui-même la main à la pâte. Comme un simple maître d'hôtel, il allait de groupe en groupe de soupeurs, courbé, souriant, essuyant une table, demandant « si l'on était bien » et, que la réponse fût ou non à son goût, se retirant souriant et courbé. C'était de plus un bon pince-sans-rire, ce qui ne nuit pas avec une clientèle de jeunes gens à la coule. Nous admirions notamment son imperturbable sang-froid les soirs où il était pris en train de pratiquer sur les chiffres d'une addition l'inflation financière si justement stigmatisée aujourd'hui.

Le tout était d'avoir de la défense. J'arrive une nuit, seul, du bal de l'Opéra dans la salle commune où je savais retrouver des amis. Ceux-ci étant déjà servis, je demande pour moi une tranche de bœuf à la mode froid. On me la sert. Vient, à son heure, l'addition : onze francs. Ce chiffre ne vous fait pas sauter, jeunes gens de la présente noce, mais à cette date où un franc valait son prix, j'avais le droit de mander Lucien à ma barre. L'accusé s'amène souriant, courbé. D'un geste du doigt, je lui désigne les deux jambages du chiffre onze et je me tais.

Lucien, après une courte réflexion, émet :

— Voulez-vous 9 francs ?

Sur mon hochement de tête négatif, il ne s'obstine pas, lâche successivement 7, 6, 5, 4. Pour un peu ce serait lui qui me devrait. Je transige pour trois francs cinquante et il quitte notre groupe, souriant et courbé, pour se répandre dans le reste de la salle. Fit-il pas mieux que de marchander? Il était bien avancé si toute ma bande avait filé de sa boîte en entraînant d'autres déserteurs !

Son esprit de conciliation nous faisait aussi la faveur de tenir pour équitables nos appréciations sur sa cuisine. Un soir où nous nous trouvions dîner au rez-de-chaussée de son café, il était en train de manger près de nous, en famille. On nous sert un poulet qui sent très fort. Nos violentes protestations appellent vite Lucien à notre table. Sans un mot, sans un geste, il fait rapidement remplacer la volaille malodorante par un pâté qui joue le rôle de valeur d'échange. Après quoi, lui-même relègue le poulet sur une table tout au bout de la salle et regagne sa place, souriant et courbé. Comme nous allions partir, il revient à nous. Évidemment cela le chiffonne de perdre un poulet. Il désire avoir le cœur net de notre réclamation et de sa valeur. Humblement il interroge :

— Alors, vous avez vraiment trouvé ce poulet ?...

— Ignoble, interrompons-nous d'une même voix coupante.

Lucien n'en demande pas davantage et désignant la table où le volatile au rebut attend son sort :

— Vous mangerez cela à la cuisine, ordonne-t-il au garçon avec douceur.

Comme plus d'un homme d'esprit, Lucien Claudon s'avéra idiot avec les femmes qui « faisaient » les cabinets chez lui. Il les paya royalement. Celle-là peut-être dans le nombre, qui une nuit confia à l'un de nos amis que nous appelions « l'Amiral », parce qu'il était intéressé dans une affaire de mouches sur la Seine :

— Ma fin de semaine n'a pas été mauvaise. J'ai « fait » cinq messieurs : trois ici, un chez moi, un chez lui. Toute une matinée à être tranquille. J'ai pu prendre de l'eau de Pulna deux jours de suite.

Et maintenant quand j'aurai confessé que j'ai soupé pendant dix ans plus souvent qu'à mon tour, n'allez pas croire que j'ai fait à moi tout seul la fortune des restaurants de nuit. Dans l'ensemble, à part trois ou quatre fois par an où j'ai eu à payer une addition un peu salée, j'ai soupé bon marché dans les restaurants chers. J'ajouterai que beaucoup de mes camarades ont fait comme moi. L'exemple partait de haut et de la Haute. Caderousse lui-même, l'immortel Caderousse, arrosait des œufs brouillés au jus, une tranche de jambon froid et un morceau de gruyère, avec notre Château-Chatou et même de l'eau rougie. Coût : 10 à 12 francs.

Même à ce compte-là, la dot des sœurs permettait encore aux fins de mois de venir un peu en aide aux sacripants de frères.

Et encore sacripants ? Au 6 de la Maison d'Or, le plus vaste de la maison et toujours plein, si nous ne pouvions pas obtenir des garçons qu'ils fermassent les rideaux des fenêtres donnant sur le n° 2 de la rue Laffitte, formant le coin du boulevard, nous sûmes plus tard pourquoi. En face, demeurait lord Hertford, le richissime anglais neurasthénique, qui n'avait qu'un plaisir, celui de braquer clandestinement une lorgnette et de regarder ce qui pouvait se passer dans le cabinet. Eh bien, sa curiosité a été le plus souvent déçue. Nous étions d'ordinaire aussi convenables de tenue que dans la plupart des salons mondains.

Mon premier souper.

Souvenir encore présent ! Au jour de l'an suivant ma sortie de collège, j'ai eu vite fait de régler par la pensée l'emploi de mes cinquante francs d'étrennes. Ils passeront sous la forme d'addition d'un souper un peu chic. Trois camarades, Pierre, Guy et moi ayant formé le même dessein, un quatrième, Émile N..., notre aîné, se chargea de retenir le cabinet à la Maison d'Or. Il nous demanda seulement vingt-quatre heures pour rabattre quatre femmes suaves. Le délai est accordé. Au jour dit nous sommes exacts. Les soupeuses rabattues nous font marronner. Elles auraient aussi bien fait de rester chez elles. Pas une suave sur les quatre. Toutes communes comme pain d'orge. Je suis très malheureux. Ma voisine de gauche confie à toute la table qu'elle a un œil de perdrix qui lui « élance ». Le temps qu'elle prend à se déchausser et à se rechausser, l'isolant de toute expansion de ma part, je me retourne sur ma voisine de droite. Celle-ci n'attend même pas le potage pour m'entretenir d'une facture en retard chez son coiffeur. Pour m'occuper des deux dernières invitées d'Émile N..., il est un peu tard. Pierre et Guy qui ne sont pas difficiles, déjà aiguillés vers les laissées pour compte, me les masquent. Que faire? Un souvenir me vient à l'esprit. Je tiens d'Émile N... que quelquefois des femmes suaves filent volontiers d'un cabinet où elles ne se plaisent pas et vont se laver les mains pour se distraire. Je file dans la direction du lavabo. Une merveilleuse blonde en robe de bal m'a devancé. Je brûle de lui dire deux mots décisifs, mais elle m'impose par son chic et je n'ose pas regarder plus haut que les bagues de ses mains trempant dans la cuvette. Très ému, je balbutie : « Voulez-vous mon savon, mon sa... mon savon ? » Elle n'entend rien... Aurai-je parlé trop bas? et devrai-je me borner à observer l'effet de la mousse sur ses doigts de déesse? Non, non. Un peu de cœur. Je répète plus haut mon offre de sa..., de sa..., de savon à la belle blonde qui se retourne, me regarde ébahie et se fiche à rire. Et de quel rire ! sonore, incoercible, entendu des maîtres d'hôtel, des garçons, des soupeurs qui traînent dans les couloirs. Je plonge la tête dans la cuvette pour n'être pas vu. Quand je la relève, nouvelle poussée d'hilarité de la voisine, lorsque, ne sachant comment la tenter encore, je lui ai glissé éperdument : « Donnez-moi seulement votre adresse, mon ange blond », et plus bas : « J'ai vingt-cinq louis, pour que vous achetiez... » Je n'ai pas le temps d'énoncer une emplette. Sur le seuil d'un cabinet entr'ouvert, une voix d'homme du Sud roulant les *r* a retenti :

LE BOULEVARD DES ITALIENS au milieu du XIXe siècle,
d'après une gravure du temps.

LE CAFÉ DE PARIS
d'après un dessin de J.-A. PROVOST

Cliché Tallandier

— *Rrrentrez* dans le cabinet ou adieu *pourr tou-
jourrs!*

Silencieuse, mon bel ange blond se coule, s'efface,
la porte du cabinet se referme bruyamment... Mon
cœur se brise.

A l'aide de ma description de la belle blonde et
de l'homme du Sud, en rentrant dans le cabinet, les
quatre invitées ont pu me nommer mon adorée. Elle
s'appelait Zélie Herr.

A trois jours de là la tempête soulevée en moi
autour du lavabo de la Maison d'Or ne s'était pas
apaisée. J'avais toujours mes vingt-cinq louis,
l'adresse de la belle et je me proposais un beau
matin d'aller lui présenter dans l'après-midi mes
hommages les moins respecteux, lorsque mes yeux
tombèrent sur ces quelques lignes imprimées dans
un journal du boulevard : « Une jeune Parisienne
très connue, Mlle Zélie R..., a été hier victime de
l'imprudence avec laquelle, au moment de se mettre
au lit, elle approcha une bougie trop près de sa
chemise de nuit. Enveloppée par la flamme avant
qu'on ait pu lui porter secours, elle est morte dans
d'atroces douleurs. »

Vous admettrez que ce fait divers jette encore
aujourd'hui une ombre sur le souvenir de mon premier souper.

*
* *

L'un de nous, Haussmann, vers sept heures
du matin, au sortir d'un restaurant, eut ce mot
de noctambule enragé : « Comment allons-nous
finir notre soirée? » Ce jour-là la bande se coupa
en deux moitiés s'orientant vers la Vacherie du
Bois de Boulogne que préférait Haussmann, où nous
avalions du lait non baptisé, délicieusement cré-

meux, l'autre vers la place de la Roquette où il y avait une exécution. Je fus de cette moitié. Mes amis et moi n'admettions pas, comme d'autres bandes, qu'on pût convier des femmes à voir couper des têtes, même des pires gredins ; mais, pour ne provoquer que des émotions masculines, ce spectacle n'en restait guère plus édifiant. Notre « curiosité, malsaine », comme on dit, avait le grand tort de mettre nos habits noirs et nos cravates blanches en contact avec le bourgeron des enfants du peuple, qui faisaient un crochet avant de gagner l'atelier, pour voir, comme nous, décoller un Dumollard ou un Philippe, tous deux assassins de bonnes, et deux ou trois autres coquins dont j'ai oublié le nom.

Henri Monnier, dans son récit pittoresque d'une exécution capitale, campe un affreux gamin sur une branche d'arbre, narguant le garde municipal qui s'évertue d'en bas à le déloger. Nous ne valions guère mieux que ce titi déjà antimilitariste qui injurie les soldats chargés de maintenir l'ordre autour de l'échafaud.

Comme le condamné nous jouait quelquefois le tour de se faire attendre, nous trompions notre impatience par un échange déplorable de facéties macabres dont on riait nerveusement. Par exemple, la réclamation de ce Jean Hiroux devant le seau où doit tomber sa tête. « On y a mis du son, c'est pas juste. J'ai droit à la sciure de bois », ou, dans une note un peu moins peuple, le « pas de chance », un conte de Richepin, qui n'ayant plus ni parents ni amis, exécuté pour un crime dont il n'est pas l'auteur, lègue sa fortune au bourreau, lequel dans son attendrissement s'y prend à trois fois pour couper la tête de son bienfaiteur.

Ce jour-là, nous avons lié conversation avec une

femme à qui j'avais facilité le moyen de bien voir en lui cédant ma place. Cette personne d'une cinquantaine d'années, qui avait les restes d'une beauté sévère, pendant tout le spectacle ne bougea ni ne parla, ne perdit pas un détail. Comme elle s'en allait lentement, après m'avoir remercié, je m'enhardis à lui demander pourquoi elle s'était si vivement intéressée à cette représentation. Elle ne se choqua pas de ma question et, pour moi comme pour mes camarades groupés autour d'elle, gravement, elle fit une courte déclaration biographique dont je me rappelle exactement les termes : « Je suis Hongroise ; j'étais mariée depuis un an, quand éclata chez nous, à Pesth, une insurrection contre l'Autriche. Mon mari en faisait partie, il fut pris et fusillé. J'allais être mère : la secousse que j'éprouvai fut telle que l'enfant ne vint pas au monde. N'ayant pas eu le bonheur de mourir en même temps que mon mari et forcée de fuir mon pays, je vins me réfugier à Paris avec quelques-uns de mes compatriotes, mes parents, les comtes Bathyami et Szemeré. Ceux-ci espèrent que l'empereur Napoléon III fera pour la Hongrie ce qu'il a fait pour l'Italie. Moi, je n'espère rien. Je vis seule avec mes souvenirs, mais ils sont si cruels que souvent ma raison m'échappe et qu'une force que je ne puis maîtriser me fait rechercher tous les spectacles horribles... En vous quittant, je vais aller à la Morgue. »

Elle nous raconta ces choses dans un petit restaurant qui venait de s'ouvrir et où elle accepta une tasse de café, d'ailleurs épouvantable. Après quoi, « pour finir sa soirée », elle se fit déposer par nous devant cette Morgue dont un pâle voyou a dit alors : « Elle était bien triste aujourd'hui. Il n'y avait personne. »

CHAPITRE IX

LE CAFÉ

Sur le boulevard des Italiens. — Les péripatéticiennes. — *Le tapis franc.* — L'habitué de café. — Les belles caissières. — Les pochards fameux, Emile D. Cadoudal. — Les débuts de l'absinthe. — Les premiers bars, les caboulots. — L'ivrogne racolé et ce qui s'ensuivit. — Cafés militaires. — *Le Helder dans le jour.*

Les cafés.

En mon temps de collège, c'était l'huile malodorante de nos quinquets qui nous salissait les mains, quand nous avions la prétention de remonter la mèche. Temps lointains et barbares. Dans la banlieue de Paris, un bec de gaz, à peine tous les cinquante mètres. Vous jugez si, dès la sortie de collège, notre haine de l'ombre nous précipita vers les intérieurs éblouissants de gaz, des cafés militaires au Helder, au café d'Orsay, comme dans les paisibles estaminets ouverts aux commerçants dans tous les quartiers du Centre et de l'Est, et aux étudiants tant dans le quartier latin que dans la partie du boulevard Sébastopol qui vient le border. Quant à mon boulevard chéri, je ne sais trop pour quelle raison topographique ou autre, les cafés des numéros à droite en partant de la Madeleine, restèrent occupés par des gens rassis, quelquefois accompagnés de leur famille, tandis que ceux de gauche (les numéros pairs) justifiaient audacieusement aux yeux des Pères La Pudeur d'alors le synonyme de « lieux de perdition ».

Ils offraient en effet des haltes commodes aux péripatéticiennes que vous devinez. A partir de neuf heures jusqu'à une heure du matin, tout le long de la chaussée :

> ... De la nuit les prêtresses infâmes
> Promenaient çà et là leurs spectres inquiets.

Ces déambulations éreintantes, même pour la moyenne des chasseurs à pied, exigeaient quelques minutes de repos au café des Italiens ou de Mazarin, avec l'espoir supplémentaire d'attirer l'attention d'un consommateur facilement inflammable, souvent étranger ou provincial ingénu.

Le maire d'un chef-lieu d'arrondissement du centre de la France, fit un soir au cercle de sa petite ville, ce récit d'un récent et court séjour à Paris :

« Il m'est arrivé hier soir une histoire assez singulière dans la capitale. Une jeune femme bien mise, d'allure comme il faut, attire mes regards. Je la suis, mais de loin, par discrétion. Au coin d'une rue elle se retourne à moitié et m'adresse, avec un joli mouvement de tête, un léger sourire, puis continue son chemin jusqu'à une maison d'apparence modeste, dans une rue latérale, entre chez la portière, prend un bougeoir dont elle allume la bougie à une veilleuse, monte l'escalier jusqu'au troisième étage et là, comme elle laisse la porte ouverte, j'avance. Elle ne paraît pas surprise de me voir dans sa chambre et devant son lit...

« Que vous dirai-je de plus? Le lendemain matin, à son lever, au moment où elle allait vers son secrétaire, probablement pour l'ouvrir en vue de payer une facture de cinquante francs que lui apportait sa bonne, j'ai prévenu son geste, couru à mon portefeuille et lui ai remis la petite somme. « Merci »..., me dit-elle.

« Qu'est-ce que ça peut être que cette femme-là? »

La vie de café.

La lutte pour la vie étant moins âpre qu'à présent, de nombreux oisifs trouvaient deux ou trois heures par après-midi et par soirée pour ce supplément de farniente. C'était un charme par les beaux jours, de sa table, sur la « terrasse », de regarder passer et repasser « les petits pieds qui font toc toc ».

L'intérieur offrait du reste aux sentimentaux rebelles à la séduction du domino à quatre et des rébus l'attraction exercée par les gestes délicats d'une caissière remuant des morceaux de sucre sur une soucoupe ou levant un doigt menu, rose et bagué pour désigner à un garçon distrait le consommateur qui maugrée de n'être pas servi. Généralement ces assiduités du regard chez le client n'aboutissaient pas à une demande en mariage, mais la tenue très digne de la caissière marquait de légitimes distances. Très rarement même un habitué osait s'accouder au comptoir, encore moins guetter la sortie de la préposée pour lui faire entendre d'audacieuses propositions. On pouvait

d'ailleurs parfois éprouver des mécomptes. Il m'a
été conté qu'un soupirant, plus hardi que les
autres, attendit un soir la fermeture. Le dernier
consommateur une fois sorti, il fut intrigué de voir
un garçon se diriger vers le comptoir et aider la
caissière à se lever de sa chaise. Il voulut rendre
cet office lui-même. Ses bras étendus retombèrent
douloureusement quand la belle se dressa, du buste
seulement. Il aimait une cul-de-jatte !

La moyenne de la vie d'un habitué donnait-elle
un pourcentage égal à celle d'un paysan ou d'un
jockey qui vit de plein air? Je ne le crois pas en
principe, car l'habitué faisait tout juste à pied le
chemin séparant le café de son domicile généralement très proche. Mais son seul exercice physique
était ce qu'il est demeuré, très hygiénique. C'était
le billard.

J'ai eu quelque mérite à aimer le billard. Car je
lui dois une mortification qui peut compter dans
une vie. Je m'y croyais d'une certaine force lorsque
un soir, au café de la Redoute de Spa, je proposai à un petit roux, d'une quarantaine d'années,
dont je venais de faire la connaissance, une partie
en trente points. Il accepta nonchalamment. Dans
l'ignorance de nos forces respectives, un essai était
indiqué pour voir si nous devions jouer à égalité ou
nous rendre respectivement des points. Je saisis
une queue, je commence et, la veine aidant, j'exécute
quatre carambolages de suite. Ayant manqué le
cinquième, je dépose la queue, plutôt content de
moi, et je guette du coin de l'œil mon adversaire.
Celui-ci, après un petit salut courtois à mon adresse,
prend une queue, la première venue, l'examine, la
frotte longuement de blanc, range les billes sur le
tapis, se penche et me sert quinze carambolages

d'affilée. Il serait sûrement allé jusqu'à trente, mais la Redoute fermait... Quand j'eus payé les frais, profitant de ce que mon homme me tournait le dos, je me suis glissé à pas feutrés hors du café où, en me retournant, je le vis continuer seul la partie. Il y est peut-être encore !

Il n'y avait pas de billard dans un café du boulevard, tout flambant neuf, que j'ai inauguré entre cinq et sept en compagnie de camarades qui ne tardèrent pas, et moi aussi, à nouer des communications cordiales avec des voisins de table qui finirent par se mêler à notre vie, sans la moindre référence préalable. Un jour nous apprîmes que l'un d'eux venait de passer en police correctionnelle pour cause d'escroquerie. Le lendemain, l'un de nous demande la *Gazette des tribunaux* à un garçon un peu familier qui en l'apportant interrogea avec intérêt : « Est-ce qu'il serait, dit-il, encore arrivé malheur à l'un de ces messieurs? »

J'allais oublier le café — si j'ose profaner ce nom — des escarpes. Une bande dont j'étais et qui avait un pied dans le quartier latin, eut l'honneur de précéder les Altesses moscovites dans les bouges les plus infâmes de Paris. Un beau jour, chez Foyot, lecteur passionné dès le collège, pendant la classe et l'étude, des *Mystères de Paris* d'Eugène Sue, je proposai un tour soit au *Lapin Blanc* soit au *Tapis Franc*. Nous optâmes pour le plus crapuleux des deux dans ce roman populaire. Trois « étudiantes » nous accompagnaient. C'était l'hiver. Il faisait très sombre. Nous nous égarâmes dans les ruelles immondes qui avaient nom la Calandre, la Licorne et il nous fallut raccrocher un pâle voyou qui pour cent sous nous servit de guide jusqu'au *Tapis Franc*, dont le client assidu du roman avait nom le Chourineur.

L'ignoble bouge ! Dans une longue salle au plafond très bas, aux murs suintant d'une crasse millénaire, autour dé tables boiteuses et vermoulues éclairées par des chandelles fumeuses espacées, une par table, assis ou vautrés des gens de tous les âges, les uns caressant d'un œil abruti leur verre d'eau d'aff, les autres, à l'air en dessous, nous regardant avec une indifférence calculée, car leurs « ménesses » en camisole malpropre, nous faisaient de l'œil avec l'assentiment visible de ces gigolos. Le patron, non moins avenant qu'elles, vint à nous, le sourire aux lèvres. Sur un geste de lui, une souillon apporta un setier d'eau-de-vie pour les hommes et une bouteille de vespetro pour « ces dames ». Les visages s'éclairèrent à l'aspect de ces munificences, mais les « marmites » qui se rapprochèrent de notre banc, toujours avec l'adhésion manifeste de leurs galants, n'obtinrent d'aucun de nous le regard du sultan qui va jeter un mouchoir, dont peut-être quelques-unes ignoraient l'usage.

En revanche, nous fûmes tout oreille pour le ménétrier, un vieux maigre qui tournait un orgue de Barbarie lamentable de saleté, avec lequel il s'accompagna pour débiter d'une voix traînante, à la demande unanime de ce joli monde, une chanson dont j'ai retenu :

> L'enfant perdu que sa mère abandonne
> Trouve toujours un asile au saint lieu.
> Dieu, qui le voit, le bénit de son trône :
> L'enfant perdu c'est l'enfant du Bon Dieu...

Tout le public présent et nos trois « étudiantes » eurent des larmes aux yeux. Moi presque. Sur quoi, nous détalâmes après avoir payé le setier de tord-boyau le prix d'une fine champagne séculaire.

Mais je crois qu'il n'aurait pas été opportun de marchander, car, trois jours après, la police opéra une rafle fructueuse dans ce gibier de cour d'assises.

Tout de même, l'accueil attendrissant fait par les habitués du *Tapis Franc* à la chanson où

L'enfant perdu que sa mère abandonne
Trouve toujours un asile au saint lieu

me revint à l'esprit, le soir de notre équipée, dans un cabinet du Café Anglais où des camarades à nous, en habit et cravate blanche, nous reçurent avec des refrains que ne doit guère entendre au Saint Lieu : « l'enfant perdu que sa mère abandonne... ».

Prunes à l'eau-de-vie et caboulots.

L'établissement de la Mère Moreau, près du Châtelet, avait une renommée de prunes à l'eau-de-vie qui lui amenait chez elle des clients de tous les coins de Paris. On y consommait debout. Debout aussi les étudiants du quartier latin qui, dans de modestes caboulots sirotaient les inoffensives liqueurs créoles de Mme Amphoux, le « Rosolio », la crème de cacao. Les servantes de ces douceurs s'en laissaient conter d'autres, tout en retroussant très haut leurs manches tant pour ne pas les poisser que pour attirer l'attention sur un bras rond et potelé. Une de ces demoiselles répondant au surnom familier de Bouff-tout, eut un certain succès dans sa clientèle ordinaire. Un romancier qui venait d'hériter la souffla au garçon de l'établissement qui rinçait les bouteilles et les verres.

Deux mots sur les bars. Ils ne faisaient que commencer au moment où finissait l'Empire. Le bar passait pour être un article d'anglomanie : erreur ! C'était tout simplement le modeste caboulot du vieux quartier latin, avec ses verseuses complaisantes, et les consommateurs accoudés sur le comptoir. La seule innovation du bar, c'est la chaise monumentale sur laquelle le client se juche pour aspirer au chalumeau deux breuvages — sévissent-ils encore ? — le *Knock me down* (renverse-moi) et le *Pick me up* (ramasse-moi), tous deux grands coupables d'homicides par préméditation.

Bons et mauvais pochards.

Ceux qui tenaient à peu près la voile n'abandonnaient pas les camaros « obtenus », comme on disait. Ils les poussaient dans un fiacre, montaient dedans après avoir jeté au cocher, en les désignant, un joyeux « fragile », et ne lâchaient leur homme qu'une fois étendu sur son lit de tout son long, car c'eût été le diable de le couler dans des draps. Le plus souvent, à la suite d'un lourd sommeil prolongé, l'« obtenu » se trouvait dans un état assez présentable pour recommencer le soir. Bref, rien de tragique.

Pourquoi la majorité des pochards dans ma prime jeunesse a-t-elle pu tirer des bordées à peu près inoffensives ? Parce qu'elle se grisa presque uniquement avec le vin. Exemple : mon vieux camarade Ernest M... C'était moins un devoir qu'un agrément de ne pas le lâcher après une de ses fortes cuites, de l'accompagner n'importe où, depuis la sortie du restaurant. C'était si amusant de le voir avec ses petites jambes zigzaguer sur les trottoirs, se porter subitement tantôt vers d'honnêtes passantes qu'il prenait pour de vilaines femmes, tantôt vers de

vilaines femmes qu'il prenait pour d'honnêtes passantes, faisant aux unes et aux autres des déclarations enflammées, recevant des bourrades, s'en
consolant en embrassant des becs de gaz. Quel
homme, ou plutôt, pour être exact, quel estomac !
Je l'ai vu une nuit monter en titubant l'escalier
du Helder puis, toujours ivre, une fois assis dans
la salle commune, attaquer avec un appétit féroce
une tranche de jambon qu'il arrosa d'eau rougie.
Après quoi il rentra chez lui toujours en titubant,
avala en route deux œufs crus, « pour se faire la...
bouche », disait-il, et une fois dans sa chambre
se coucha en titubant. Mais nous le quittions tranquilles sur son compte, sûrs qu'à dix heures du
matin, placé devant son bureau de receveur particulier du département de la Seine, devant un bordereau de contributions, défenseur convaincu des
deniers de l'État, il signalerait impitoyablement au
fisc les restaurants et les cafés qui cherchaient à
frauder sur les déclarations de leurs caves.

Si plus tard il fit au vin de fâcheuses infidélités,
ce fut la faute d'Émile D... trop porté vers les
liqueurs. Au dessert d'un dîner prolongé au Café
Anglais, Émile avait pris un cruchon de curaçao
Focking « par les hanches », comme a dit Rostand,
et fortement diminué son poids après lui avoir
dit plus que deux mots. Vers les minuit, il traverse
le boulevard, fait avec dignité son entrée dans
un cabinet de la Maison d'Or où nous étions, au
bout de cinq minutes se lève tout pâle, lâche notre
cabinet en « bourlinguant » et se précipite vers le
lavabo. Nous le suivons de près, mais le maître
d'hôtel Joseph, dévoué comme un caniche, je vous
l'ai dit, à sa Maison d'Or, nous a devancés et lui
tient la tête au-dessus de la cuvette, tout en me

glissant à l'oreille : « Si ce n'est pas malheureux que M. D... vienne laisser ici ce qu'il a mangé ailleurs... »

C'est le gin que Cadoudal « eut mauvais ». Il ne fallait pas déranger son recueillement tout le temps qu'il lampait ses deux verres. Un jour, à Malte, débarqué du bateau qui le conduisait en Crimée, où il se battit en héros, campé dans un café, il eut des mots avec le garçon qui ne voulait plus lui servir un troisième verre, les lois sur la tempérance s'observant très strictement à Malte. Une lutte s'engagea, épique. A la suite d'un formidable coup de poing asséné sur les dents et les nez des garçons et du patron, toute la population de l'île se rua sur notre pochard national, et finit par le pousser au tribunal devant le juge, qui n'eut pas le moyen d'ouvrir la bouche pour procéder à l'interrogatoire, Cadoudal lui ayant enfoncé sur les yeux sa toque, y compris la perruque traditionnelle. Si mon vieil ami s'en était tenu là! Mais, pendant que tout Malte s'employait pour remettre d'aplomb l'infortuné juge, il se rua hors du prétoire, jusqu'à son bateau qui allait partir, et d'où, sur la passerelle, il fit un large pied de nez à l'Angleterre et à l'île de Malte en bloc. Cet événement faillit nous brouiller une fois de plus avec notre intermittente alliée. Cadoudal n'en eut cure. Son aventure ne se termine pas là. Son bateau, le *Borysthène*, ayant coulé, il put se sauver à la nage, mais d'avoir avalé plusieurs gorgées d'eau de mer lui laissa de l'amertume au cœur : « Pour une fois que j'ai bu de l'eau, nous a-t-il dit un jour au Helder, en racontant son naufrage, il faut qu'elle ait été salée, la bougresse ! »

Passons au Mexique. C'est avec l'*aqua ardente* que le lieutenant prussien Misson, qui servait dans notre légion étrangère, « s'obtenait », quitte à remplacer ce tord-boyau par son eau de Botot! Dans la même campagne, le commandant de P... s'est consacré à la seule eau-de-vie et lui resta fidèle à Paris, jusqu'à la désigner par un synonyme au garçon, demandant quoi lui servir, auquel il lançait sa commande brève : « Donnez-moi un grog sans eau, ni sucre. »

De plus fort en plus fort! comme chez Nicolet. Après le vin d'Ernest M..., le curaçao d'Émile D. et le gin de Cadoudal, vint le tour de l'absinthe. C'est vers 1865 que la « déesse aux yeux verts », comme l'appelait Murger, une de ses victimes, apparut aux tables des cafés. A-t-elle été une importation de casernes algériennes, comme on l'a dit? Je n'en sais rien et l'armée d'ailleurs a bon dos. Quoi qu'il en soit, l'absinthe ne tarda guère à conquérir des dévôts jusqu'à leur dernière heure, où elle les mena plus vite qu'à leur tour. Le bohême Pelloquet, sur son lit de mort, balbutia : « Abs... abs... ». On crut qu'il demandait l'absolution, mais au moment où l'on allait envoyer chercher un prêtre, Pelloquet acheva dans un hoquet suprême : « Abs... inthe... »

L'alcool a eu de tout temps des avocats pour plaider son innocuité et même ses bienfaits. Exemple : Le baron de Ch. qui, entendant dire au cercle : « Chevreul a quatre-vingt-quinze ans et n'a jamais bu que de l'eau », observa : « S'il n'avait bu que du vin, il aurait au moins cent ans. » Question de résistance de coffre. Si mon ami Ernest M. fut préservé longtemps par son merveilleux estomac, tous les grands gobelets que je viens de passer en revue ont disparu avant la soixantaine.

Est-ce à dire qu'on est toujours puni d'avoir pris

« une forte cuite »? Ça, c'est une question de chance, comme on va voir.

Un jeune homme sort de dîner, joyeux comme pinson, abominablement gris. Le plein air l'achève. Sur le boulevard il va trébucher contre un arbre, quand une raccrocheuse l'empoigne, le traîne jusqu'à un fiacre et l'emporte dans sa « turne »; là elle l'étend tout habillé sur le lit où il ne tarde pas à ronfler comme vingt tuyaux d'orgue et ne bouge pas tout le temps que la femme tâte les vêtements, en tire un portefeuille, y trouve des cartes de visite du monsieur, lit le nom et l'adresse deux fois pour être sûre de ne pas s'être trompée puis, le tout ayant été remis en place, se couche. Le lendemain, assez tard, le monsieur dégrisé prend congé, mais comme il va tirer de la poche de son gilet quelques louis pour les mettre dans les mains de la femme, celle-ci l'arrête :

— Tu vas rire, mais j'ai un vrai béguin pour toi, et si tu reviens me voir, ce sera toujours le même prix.

Comptons sur nos doigts, voulez-vous, les désagréments qui se trouvent avoir été épargnés à ce pochard. Premièrement, il pouvait être cueilli sur le boulevard par un rôdeur qui, après l'avoir fait s'asseoir sur un banc, lui aurait subtilisé son portefeuille. Ensuite sa raccrocheuse n'avait pas vraisemblablement son souteneur ordinaire dans une pièce contiguë à sa « turne », car vous voyez d'ici les dramatiques faits divers qui auraient résulté de cette proximité : bref, tout à craindre, y compris le zigouillage et ses suites, le cadavre enveloppé dans un drap, transporté clandestinement, jeté dans la Seine. Au lieu de ça, quelle idylle! Pénétré de reconnaissance pour la femme de goût et de cœur qui a refusé son argent, le jeune poivrot a vécu avec elle jusqu'à la fin de ses jours et lui laissa en mourant une fortune de féerie. J'en dirais trop si je le désignais même par une initiale et je me borne à conclure de cette véridique histoire que les marchands de vin ne sont pas seuls à affirmer qu'il y a un Dieu pour les ivrognes.

Cafés militaires.

Au préalable je dois vous dire que j'ai eu, ou que j'ai cru avoir, la vocation militaire.

L'Iliade d'Homère où l'on se cogne tout le temps me faisait rêver plaies et bosses. La rentrée des troupes de Crimée exalta mon humeur batailleuse. Une de mes joies les moins oubliées de mon enfance a été de voir passer les vainqueurs de ces « sales Russes » sous les fenêtres d'une maison qu'habitait ma grand'mère, petite rue Verte (aujourd'hui prolongement de la rue Matignon). J'étais placé à souhait entre un oncle et une tante qui voulaient bien se gêner pour me permettre de mieux voir. La belle revue que j'ai passée là ! Mon oncle, un programme de la fête dans les mains, lisait tout haut les noms des « grosses légumes » à mesure qu'elles passaient à cheval. Mac-Mahon et Canrobert ont été de tous les généraux de notre armée de Crimée les plus acclamés ce jour-là. Après eux la foule fit fête à un colonel des zouaves qui avait la tête bandée du front au menton. Il avait eu la mâchoire fracassée à l'assaut de Malakoff. On ne voyait guère que ses yeux. Mon oncle nous le nomma, il s'appelait Clerc. Ce fut la seule note pénible de la journée, la note gaie avait été donnée au début par le passage d'un tambour-major plus haut de quelques centimètres que la moyenne de

LES CHAMPS-ÉLYSÉES en 1857
d'après un dessin de J. DÉSANDR...

Cliché Tallandier

ses « collègues ». Cet homme interminable souriait à la foule avec un air avantageux. Ayant levé les yeux sur nos fenêtres, il exécuta en l'honneur de ma tante un moulinet galant qui fit rire tous les miens à notre étage et aussi tous les curieux sur le trottoir.

C'est dans le plein air du boulevard que, trois ans après, je vis le retour des troupes d'Italie et ces deux récidivistes de la victoire, Mac-Mahon et Canrobert. Quelle fête pour mes yeux et pour mon cœur de jeune chauvin !

Très échauffé par les souvenirs de cette dernière et émouvante rentrée, quand je fis la mienne au collège, j'en voulus à cet excellent et pacifique Duruy, mon professeur d'histoire, de nous prédire en classe que désormais les canons enverraient des idées et non plus des boulets. Sur mon banc d'élève de sa classe, je rêvai gibernes, plumets et tout bas, de temps en temps, je me chantais — faux — une berceuse à la mode dans mon enfance, dont le refrain était :

> Et maintenant, sur mes genoux,
> Beau général, endormez-vous...

Général ! Rien que cela ! Allons donc ! Je me voyais maréchal de France, grand aigle, duc et prince, bombardé d'apanages magnifiques payés par les pays conquis.

J'étais entretenu dans le courant guerrier par l'habitude prise depuis dans mon lycée, alors Louis-le-Grand, — mon Dieu, que j'ai donc fait de collèges ! — de donner à lire à haute voix au réfectoire, du haut d'une chaire, les derniers volumes qui venaient de paraître du *Consulat* et de *l'Empire*. L'auteur avait beau s'attaquer à la politique de Napoléon III, l'empereur, homme sans rancune, l'avait appelé « l'historien national », ce qui était justice. Ces récits de batailles que Thiers n'écrivait qu'après avoir recueilli les souvenirs personnels des glorieux combattants, quitte à les arranger à sa manière, nous électrisaient pendant tout le repas. Waterloo que j'avais déjà maudit au Cirque Olympique me fit pleurer de rage dans mon « abondance ».

Cette ambiance ne me lâchait pas en mes jours de sortie. Je ne me rappelle plus s'il pleuvait ou non le jour où pour la première fois, un dimanche, avec trois potaches comme moi, j'ai franchi le seuil du Café du Danemark, rue Saint-Honoré, pas loin du Palais-Royal, mais je sais bien que le Prince Impérial n'était pas mon cousin. J'étais si fier de frotter ma tunique de collégien aux murs et panneaux de la grande salle du premier, où fraternisaient une dizaine de Saint-Cyriens en uniforme, qui prenaient au *Danemark* leurs habitudes quand ils venaient à Paris !

Avec quelle autorité je commandai pour trois camarades et moi un punch, aussi important que celui des Saint-Cyriens cinq fois plus nombreux que nous. Avec quelle joie j'ai vu le rhum flamber, si bien que la flamme me brûla le nez, ce qui me fit pousser un cri dont rigolèrent les Saint-Cyriens. Et cette descente de l'escalier, titubante entre mes deux potaches, aussi gris que moi. Et ces trois garçons qui nous poussèrent dehors sans ménagement, et ces passantes que nous regardions sous le nez et ces passants observant sans tendresse : « Sont-ils embêtants, ces galopins ! »

En 1860, je quittai le lycée Napoléon, aujourd'hui Henri IV : j'avais le cœur gros de n'être pas Saint-

Cyrien. J'en veux même encore au programme
d'admission hérissé de mathématiques. Est-ce que
Hoche et Ney savaient l'algèbre? Est-ce bien ma
faute et un grand crime si, depuis le jeune âge, mes
compositions en arithmétique n'avaient même pas
droit d'être classées au dernier rang, attendu que
je ne remettais même pas de copie.

M'engager? J'y ai songé, comme aussi plus
tard d'aller me battre pour Pie IX, mais quand on
vient d'échapper à la férule du pion il est malaisé
d'établir une moyenne équitable entre ses goûts de
guerrier et ceux d'un fervent péripatéticien du
Boulevard.

C'est pourquoi je hantai presque quotidiennement
le Helder, dans la journée et l'avant-dîner.

Au premier étage, je trouvais des clients, le plus
souvent commerçants du quartier. Au rez-de-
chaussée, des officiers et des civils panachés assis
dans une salle ronde donnant, au fond, sur un long
couloir, bordé de tables où se jouait le domino. Le
beau moment du café était de cinq heures à six
heures et demie. En été, on adoptait « la terrasse
pour se rincer l'œil » avec le passage et le repas-
sage de la Parisienne dont les petits pieds, je l'ai
déjà dit, font « toc toc, toc toc », nous disaient
Meilhac et Halévy sur des notes d'Offenbach. Dans
l'intérieur comme sur la terrasse, des conversations vives et animées s'échangeaient entre deux
mutations de garnison, deux permissions, deux
dîners de promotion. On se questionnait sur les
chances mutuelles d'avancement. On discutait celles
de Pierre et de Paul. En cas de doute sur une date,
si l'annuaire n'était pas sous la main, on interrogeait un répertoire vivant, Félix, le maître d'hôtel,
qui, par on ne sait quelles mystérieuses accoin-

tances, savait souvent les nominations, les permutations avant les intéressés.

D'ordinaire le Helder était aussi calme que n'importe quel café du Marais. Par exception, la première semaine où je m'y suis montré, je suis tombé au milieu d'un tumulte sensationnel. Les officiers de tous grades s'agitaient autour d'un numéro de journal étalé sur une table, *Le Figaro* de Villemesant, alors hebdomadaire. Enfer et damnation! La chronique de tête parlant d'un bal de ministère s'applaudissait de l'absence de ces officiers dont les éperons « déchirent les robes des dames dans leur hâte d'arriver les premiers au buffet ». Toute la salle écumait : « Il faut donner une leçon à ce plumitif et que cela ne traîne pas! » Un lieutenant commanda : « Félix, tout ce qu'il faut pour écrire ! » Félix obtempéra. Silence impressionnant. Les porte-plume passent de main en main, les feuilles de papier à lettres se découpent en carrés où des noms s'inscrivent, et que reçoivent, une fois pliées, des coiffes de képis ou de chapeaux posées sur le marbre d'une table. Tirage au sort du nom de l'officier qui provoquera l'auteur de l'article, Henry de Pène. Le lendemain, ce journaliste, le plus galant homme du monde, exprima ses regrets de la boutade, mais seulement après avoir reçu deux coups d'épée, l'un d'abord de son adversaire, l'autre de l'un des témoins qui avait cru devoir le provoquer.

C'est qu'ils se tenaient serrés les coudes, les militaires, certains de n'être pas lâchés par qui de droit. En admettant même qu'un ministre pusillanime devant la presse de gauche les eût punis pour telle ou telle initiative collective ou individuelle dirigée contre un ou plusieurs péquins, ils savaient pouvoir compter sur les Tuileries. L'empereur représentait au-dessus du ministère de la Guerre une cour de cassation qui disait son mot, le dernier et le bon. Au lendemain du duel de Pène, Napoléon III tint tête à des personnes de son entourage qui demandaient une sanction disciplinaire contre le lieutenant provocateur sur le terrain. Il laissa ce dernier retourner à son régiment sans même qu'il lui fût infligé un jour de consigne. Au bout de six mois seulement, alors que le duel était à peu près oublié, l'officier fut envoyé en province malgré l'intervention en sa faveur d'Henri de Pène.

Je mis huit jours à faire la connaissance d'un premier sous-lieutenant, huit autres pour tutoyer deux capitaines. Ce me fut très agréable d'être confondu par les garçons avec les privilégiés qui n'ont qu'à retrousser un coin de moustache devant des femmes pour faire, comme a dit Hugo, « bâiller l'hiatus des fichus ».

Ceux des jeunes officiers qui me semblaient les plus dignes d'envie venaient de loin, le plus souvent des colonies tropicales. Envoyés en France pour raison de santé, ils mobilisaient leur foie vers Vichy, sur l'ordre exprès des médecins majors. N'ayant pas toujours une confiance aveugle dans les vertus du traitement, ils lui faisaient pourtant la concession au bout des vingt et un jours classiques, de verser une dizaine de gouttes des Célestins ou de la Grande Grille dans leur absinthe et filaient dare-dare vers Paris. Ils y retrouvaient des connaissances d'Afrique ou d'Asie, entre autres le baron Barbier, célèbre par ses histoires de chasses au tigre plutôt incohérentes, où l'on ne savait pas toujours si c'était lui, le roi de Cambodge ou le

tigre qui en sortait mangé ! A une autre table toni-
truait, se croyant déjà à la Chambre, un représentant
de l'Océanie, lieutenant de vaisseau, comte de
Douville Maillefeu, qui prêchait bruyamment le
mépris des filles de marbre à son ex-camarade du
Borda le sentimental Edmond de La Panouse,
toujours amoureux pour sa vie à chacune de ses
courtes descentes à terre !

Les « Américains » du Helder, c'étaient les
officiers, sous-officiers, soldats de cette campagne
du Mexique, commencée en 1862, virtuellement
terminée par le coup de tonnerre de l'exécution de
Maximilien. Le Helder s'est assez vite consolé de ce
drame, qui mettait fin à la guerre dans un « chien
de pays ». Le Mexique n'a pas eu en effet une
bonne presse, comme on dit maintenant, dans l'armée
d'alors. Nul ne regrettait ses régions brûlantes et
désertiques où cet original commandant de Ponté-
coulant, par quarante degrés de chaleur à l'ombre,
jouait au monte, dans le costume d'un cacique
sortant de l'eau, avec pour tout uniforme quelques
plumes flottant au vent de la « sierra ».

Est-ce à dîner, est-ce à souper, vers 1866 ou 1867,
que Georges de Heeckeren, tout frais débarqué du
Mexique, nous parla de la Légion étrangère où,
engagé volontaire pour la campagne, il avait gagné
très vite des éperons de sous-lieutenant avant de se
faire rapatrier sur des béquilles que lui valut une
balle reçue dans les reins et destinée à n'être jamais
extraite? Ce que je me rappelle avec netteté, c'est
qu'il nous intéressa vivement. Il la connaissait si à
fond, sa légion, étant troupier dans l'âme ! De plus,
né en Alsace, sachant assez d'allemand pour comprendre ceux de ses soldats qui en parlant « man-
geaient de la paille », comme on disait dans le corps

pour caractériser l'accent d'outre-Rhin, il nous narrait des récits imprégnés de pittoresque toujours et souvent émouvants.

Ses souvenirs charmaient surtout mon côté « mélo » par ce qu'ils signalaient de mystérieux sur le recrutement des légionnaires. Les chefs, d'après les règlements, n'avaient pas le droit de scruter le passé de leurs hommes.

— Montre-moi tes dents ! demandait le capitaine du bureau de recrutement à quiconque, sur la frontière, — alors, comme aujourd'hui, Strasbourg ou Metz, — se présentait pour l'enrôlement.

Les dents, rien de plus. On ne demandait ni le nom ni l'âge. Et encore, les dents, parce qu'elles servaient à déchirer la cartouche. Dès qu'elles semblaient tenir aux racines, marché conclu. Ton sang contre mon drapeau. Seulement, la Légion n'accorde pas le droit d'asile, comme l'Église au moyen âge. On n'y purge pas des contumaces. Tant pis pour le légionnaire que guette tel policier international débarqué la veille et rôdant autour des « permissionnaires » en ballade ! Qu'une main rude s'appesantisse sur son épaule, qu'une autre main lui montre un mandat d'arrêt, en route pour le prochain paquebot à destination de l'Europe ! Tout cela, sans tapage. Seuls, ses chefs, connaîtront le vrai nom de l'inculpé pour l'avoir lu sur les pièces de justice. Et ils l'oublieront le lendemain.

Heeckeren parla de quelques-uns qui avaient dû expier de graves fautes de jeunesse. Celui-ci, par exemple, traînait sans doute un passé lourd comme une chaîne, que son colonel interpella un jour dans une étape des « Tierras Calientes » par son pseudonyme, après une affaire très chaude :

— Cette fois, sergent, vous n'y échapperez pas.

Je vais écrire au ministre que je vous propose comme sous-lieutenant.

— Je ne veux pas être officier, mon colonel.

— Pourquoi?

L'homme hésite, puis se risque à mentir.

— Je parle trop mal le français, mon colonel.

— Vous en savez plus qu'il n'en faut pour vous faire casser la gueule.

Un silence, un effort pour accoucher de la vérité, puis l'homme, tête basse :

— Pour être sous-lieutenant, il faudrait dire au ministre mon vrai nom.

Et il tourna très vite les talons pour rompre.

C'est toujours comme sergent et sous son même pseudonyme que ce légionnaire fut tué, à quelques années de là, au Tonkin.

Quel pouvait être ce nom si soigneusement caché? Entre officiers, à table, il s'en chuchota plusieurs. On mit même un peu de snobisme dans cette enquête. Quelqu'un rappela des dates éloignées, rapprocha des éclipses définitives d'archiducs et de grands ducs annoncées dans des gazettes parvenues au Mexique, signala avec ces départs des coïncidences d'arrivées énigmatiques au corps, en ce temps-là. Un soir, à table, le colonel — que finissait par ennuyer l'éternelle question : « Qui ça peut-il être, ce sergent? » — y coupa court en ânonnant : « C'est la reine d'Angleterre. »

Parmi ses camarades de la Légion étrangère, Heeckeren me signala, un autre jour, le lieutenant Misson, un Prussien passant pour être un fils naturel de Guillaume Ier, ivrogne remarquable, au point de demander à ses camarades français, quand il n'avait plus rien à boire, leur eau dentifrice, dont il avalait d'un trait tout le flacon.

Ce Prussien dont j'ai parlé plus haut, l'homme à la bouteille de Botot, capitaine d'un régiment silésien le jour de la capitulation de Metz, s'étant croisé dans une rue avec Heeckeren, le reconnut sous une blouse de paysan, et, n'ayant pas bu d'alcool ce jour-là, comprit que son ancien frère d'armes faussait compagnie à la capitulation. Il se détacha de ses Silésiens pour venir souhaiter tout bas bonne chance à sa tentative d'évasion et retourna vers son devoir. On n'en fait plus de ces Boches-là.

Avec les officiers fraternisaient quelquefois les derniers engagés volontaires de la saison. On sait que l'armée de ma jeunesse reposait sur un principe d'inégalité assez choquant. Pour une somme qui variait selon les perspectives de « casse », des « marchands d'hommes » rachetaient l'impôt du sang. Si j'ai pu, comme fils aîné de veuve, me voir exempté de droit, mon frère dut payer deux ou trois mille francs pour se dispenser d'apprendre le maniement du fusil à tabatière. En somme, la guerre pour les enfants des classes dirigeantes c'était un peu trop « le sang des autres », d'autant que les engagés volontaires de ces classes n'étaient pas tous soldats par vocation. Pour un raté de Saint-Cyr résolu à arriver par le rang, on pouvait compter hardiment neuf cerveaux brûlés, très brûlés sur le pavé de Paris. La nouvelle que les Arabes leur avaient coupé la tête n'attirait guère l'attention que de leurs proches. Presque tous s'engageaient aux chasseurs d'Afrique, régiment chic, comme je l'ai dit. Le plus souvent, avant la fin du temps à faire, les mères payaient les dettes dues aux cafetiers de Sétif ou de Batna, liquidation qui donnait au fils la faculté d'en contracter d'autres avec un crédit momentanément consolidé. En somme le passage aux chasseurs d'Afrique, en temps de paix, était plutôt un embarras pour les chefs, mais au premier son du clairon de guerre, cette écume parisienne bouillonnait à la française. Arabes, Annamites, Hindous n'en menaient pas large devant un Cadoudal, un Durozay, un Fessillant, un Silvère Ezpeleta et cent autres.

Bien entendu je ne manquais pas une revue de Longchamp, ravi de voir des officiers laissés par moi la veille au Helder en veston et en cravate lavallière, si décoratifs le lendemain dans la magie des uniformes.

Ceux de la garde impériale surtout. Les artilleurs avec le dolman noir à cinq rangées de boutons, les tresses rouge et or pour les officiers, le colback avec plumes; les lanciers et leur schapzka bleu, le kourka blanc, plastron bleu clair, épaulettes rouges, pantalon rouge à double bande bleue et or; les dragons et leur habit vert, le plastron blanc, les épaulettes rouges, le pantalon rouge à double bande verte. Et les guides donc! Aucun satrape en aucune heure de magnificence ne réalisa pour un corps d'élite l'équivalent de ce dolman vert, tresses jaunes, poil de chèvre en or et cinq rangées de boutons; de cette coiffure colback avec plume. On a dit que Sainte-Beuve, alors homme mûr, avait dans sa jeunesse sevrée de tendresses féminines, poussé ce cri, de son cœur ou de ses sens : « Je regrette de n'être pas lieutenant de dragons! » Combien le grand critique a donc dû souffrir de n'être pas dans la peau du prince Joachim Murat caracolant avec sa sveltesse élégante à la tête de son régiment des guides!

Le colonel prince Joachim Murat ne fréquentait pas le Helder, du moins je ne l'y ai jamais vu, non plus que les officiers de la garde, en général habitués de préférence du café d'Orsay. A vrai dire

même, le seul guide à ma connaissance qui ait été
un fidèle du Helder, buveur de grogs réitérés, était
un simple maréchal des logis qui, même dans son
uniforme, avait juste la distinction de l'excellent Las-
souche qui jouait les mufles au Palais-Royal. Bref
un semeur de grosse gaîté, dont les propos salés
et certains gestes plutôt familiers faisaient dire aux
sous-lieutenants : « J'en rirai jusqu'à ma retraite. »

Cette retraite, Mathéron la prit de bonne heure
dans l'excellent fromage de Hollande d'une percep-
tion bien rémunérée à Royan. Mais c'était un gros
garçon gâté, difficile à contenter pleinement. Dès le
lendemain de son arrivée, le seul café de la petite
ville fermant à dix heures, rentré chez lui, il s'était
confectionné quelques grogs supplémentaires qui
l'avaient mené jusqu'à sept heures du matin, la belle
heure pour se coucher à Paris, quand on n'est plus
au service. Mathéron dormait. Un vigoureux : Pan !
pan ! le réveille en sursaut. Qu'est-ce que cela veut
dire? Des voix hurlèrent : « Ouvrez donc. Il est huit
heures. Nous venons payer nos contributions. »
Mathéron bondit à la fenêtre en chemise, se retourne,
montre ce que vous devinez puis, se représentant de
face, lance aux contribuables impatients :

— Quand vous viendrez avant midi, voilà tout ce
que vous verrez du percepteur.

Et il regagne son lit.

Cette histoire faisait encore scandale, à quelques
mois de là, dans la petite ville, lorsque l'empereur y
passa. Mathéron, menacé d'une forte disgrâce,
demanda à un officier d'ordonnance qu'il avait connu
aux Guides de lui faire obtenir une audience du
souverain. « Soit ! dit celui-ci après réflexion, je rece-
vrai M. Mathéron, mais passé midi. »

CHAPITRE X

LE CANOTAGE

Ohé! du canot! — Léon Sari roi de la berge entre Bezons et
Maisons-Laffitte. — Un dîner au « reginglard ».

Les exercices corporels les plus salutaires pour
les muscles, pratiqués comme nous le faisions avec
fantaisie, perdaient une bonne part de leur vertu
hygiénique. C'est qu'il nous était impossible de
laisser sur le boulevard notre satanée manie de
souper. On riait, on chantait dans les auberges
jusqu'à minuit passé. D'où il suit, qu'on ne « canotait »
pas le matin dans les temps caniculaires, ni, cela
va de soi, dans l'après-midi, consacrée à la sieste
prolongée. A peine si, avant le dîner, le soleil tombé,
pendant une heure au plus, on effleurait la surface
de l'eau d'une rame nonchalante, si, durant la
semaine quand il faisait très chaud, on se donnait une
demi-heure pour nager dans les flots visqueux de
la Seine d'après Paris devant la Grenouillère. Avec
cela une heure ou deux de cancan le dimanche
seulement au bal des canotiers et voilà tout notre
sport plutôt mince.

Tout de même, on ne s'en portait pas plus mal. Jamais, comme c'est d'usage après la quarantième année, à aucun de nos desserts, si mes souvenirs sont fidèles, il n'a été parlé de santé. Nous étions si éloignés encore de l'âge où le temps prend Voltaire assagi par la main pour l'avertir de se retirer :

> De beaux lieux où le Dieu du vin,
> Avec Vénus tient son empire.

Léon Sari, directeur des Délassements-Comiques, lanceur de l'Office central des Théâtres, impresario des Folies-Bergère, très adroit metteur en œuvre des inventions d'autrui, a été pendant quelques années, surtout grâce aux recettes des Folies-Bergère, qui l'ont fait propriétaire du confortable manoir de Fort-Vache et sur tous les bords de la Seine, à partir d'Asnières jusqu'aux Andelys et au delà, ce qu'on appelle aujourd'hui un grand animateur.

Ses origines? Des cheveux crépus, des lèvres en rebord de cruchon, le désignèrent sans autre raison, au Boulevard, comme le fils d'Alexandre Dumas, jusqu'au jour où on lui attribua pour grand-oncle de la main gauche, Napoléon, Corse comme lui. Était-il sorti de l'École Polytechnique comme il le laissait dire? Tout ce que je sais, c'est qu'il eut tous les genres d'esprit hors celui de conduite. Avec cela l'ami de tout le monde, ce qui explique que son entourage ordinaire n'était pas trié sur le volet des chancelleries férues de protocole. J'ai vu rouler, le même soir, sous sa table de salle à manger, un marquis et un baron français, un prince russe, un anarchiste italien, le régisseur des Folies-Bergère et la sous-caissière. La seule fille de notre mère Ève qui eut de la tenue, était Octavie, la cuisinière qui venait au dessert s'asseoir à côté de l'un de nous et goûter de son soufflé dans l'assiette d'un voisin pour voir si on lui avait fait la politesse obligatoire de l'attendre.

L'indulgence des « bons gobelets » s'étendait aussi à l'affreux « reginglard » d'Argenteuil : même s'il fallait, aux prises avec lui, se tenir des deux mains sur la table avant de rouler dessous.

CHAPITRE XI

LA JOURNÉE D'UNE COCOTTE

Où elles demeuraient. — Leur mobilier, leurs femmes de chambre.
Leur famille.

Les soupeuses des salles communes n'étaient pas
le dessus du panier de la galanterie. C'en était même
le dessous. Les malheureuses qui s'en allaient de
table en table mendier le paiement d'une modeste
addition ou rôdaient autour des cabinets l'un après
l'autre, étaient peu pressées de rentrer chez elles
pour s'y heurter à un huissier matinal ou pour se
faire attraper par une bonne « à tout faire », même
des scènes, quand elle n'avait pas, de la semaine,
touché un acompte. C'étaient ces « Pas de chances » qui ont fait dire à Rochefort : « On parle quelquefois du boulevard des Filles du Calvaire, mais
pas assez du calvaire des Filles du boulevard. »

De quelle hauteur ces déchues de l'asphalte
n'étaient-elles pas toisées par les « collègues » arrivées, avec lesquelles nous étions si fiers de souper
soit en compagnie de leur « Monsieur » qui était
souvent un camarade, soit et plus encore, quand

elles lui avaient faussé compagnie. Ces élues étaient au plus une centaine, toutes logées dans les environs du boulevard des Italiens. La si hospitalière Léonide Leblanc avait son entresol au coin de la rue Laffitte et de la rue Lafayette récemment ouverte. Caroline Letessier et Anna Deslions demeuraient encore plus près du boulevard, presque au coin de la rue Taitbout.

Les unes et les autres habitaient des maisons banales, souvent sans porte cochère. Cora Pearl n'eut son petit hôtel rue de Chaillot que dans les dernières années de l'Empire.

Le mobilier de ces demoiselles? Vous n'avez qu'à vous rappeler vos visites à l'Exposition du Musée des Arts décoratifs mentionnée plus haut pour retrouver les fauteuils et canapés capitonnés, les perses imprimées, les bonheurs-du-jour incrustés de nacre et, avec leurs baldaquins somptueux de damas, les lits professionnels que nous appelions manufactures de conseils judiciaires. En ce temps-là l'on ne donnait pas 500 francs d'une tapisserie qui se vend couramment aujourd'hui 50.000 francs.

Sous ces « lambris dorés », Madame, même quand elle avait la joie bien gagnée de coucher seule, dormait assez mal. L'agitation de sa journée continuait la nuit et, dès le matin, c'étaient les allées et venues au-dessus de sa tête des locataires levés tôt à l'étage au-dessus, les coups de sonnette des créanciers, des porteurs de protêts.

L'entrée obligatoire de la femme de chambre arrêtait les minutes de repos péniblement raccrochées. Avec le réveil, les rites professionnels suivaient le rythme quotidien. Dès le peignoir passé, la première question hâtive s'échappait des lèvres pendant que Madame se les brûlait avec son chocolat servi sur

Clichés Tallandier

Toilettes du Second Empire,
dessins d'Héloïse LELOIR

un bout de table : « Comment me trouvez-vous? »
ou moins hiérarchiquement : « Comment me trouves-tu ce matin? » Et tout de suite les instructions
données pour la journée, les lettres vite griffonnées
à porter chez l'amant de cœur, chez les amies. Pour
tous ces bons offices, une soubrette à son affaire n'était
pas à plaindre, même si les gages étaient irrégulière-
ment payés aux fins de mois. Elle pouvait compter sur
les multiples mises bas, les remises des fournisseurs
souvent fournies par elle, les pourboires de toutes
mains, les étrennes, les gratifications au passage
d'une Altesse, d'un financier de marque. Combien
de Lisettes se sont retirées des affaires avant
Madame, avec plus de rentes qu'elle! J'en ai connu
d'assez jolies pour être tentées d'être « Madame » à
leur tour, qui ne l'ont pas voulu pressentant, à voir
son fonctionnement quotidien, le métier de patronne
bien astreignant.

Dans la pratique, très rarement, la femme de
chambre même renvoyée a trahi sa maîtresse. Du
reste, entre cocottes, même âprement concurrentes,
c'était une loi d'observer le *fair play* des Anglais
sur ce chapitre de l'émulation.

« J'ai pris souvent des amants à des amies, avoue
loyalement la vieille Esther Guimont, récapitulant sa
carrière, je me rends cette justice de ne jamais leur
avoir soufflé leurs femmes de chambre. »

*
* *

De onze heures à midi, c'était, environ une fois
par semaine, le tour de la famille. Soit par ce sentiment de dignité que la sagacité de Ludovic Halévy a
noté chez *Papa Cardinal*, soit que ces concierges

étant présentés comme démocrates répugnassent à l'idée de donner du « Monsieur le Comte » ou du « Monsieur le Baron » à l'amant de leur fille croisé dans un corridor, les pères se montraient rarement chez la chère enfant. Les mères moins discrètes parfois bien maladroites si elles s'avisaient d'intervenir dans de certaines négociations préalables. Telle, par exemple, la mère de la jolie A. M. Le jour où, le contrat rempli à la satisfaction du preneur, elle reçut 500 francs des mains d'un banquier anglais de distinction, quand elle objecta :

— Nous étions convenus de mille.

— Pardon, Madame, riposta l' «infante » d'Albion, homme courtois, et pratique. Vous m'avez dit : « *Nous* prenons toujours mille francs. » *Nous* impliquait Mademoiselle votre fille et vous. N'ayant pas obtenu vos bonnes grâces, nous sommes quittes. Si j'en avais bénéficié, je me serais fait un devoir de m'acquitter envers vous, de ma dette.

Les frères et sœurs s'exhibaient surtout le dimanche, jours de sortie des pensions. Les frères quémandaient des pièces de cinquante centimes à toute la maison, depuis Monsieur jusqu'à la fille de cuisine. Les sœurs, dès l'âge de douze ans, faisaient dans cette ambiance une manière d'apprentissage qui leur permettait d'entrer dans la carrière bien avant que l'aînée l'eût quittée. Devenus grands, les frères empruntaient à la sœur ou à l'amant une pièce de 10 francs qu'ils allaient perdre chez le bookmaker.

J'en aurai fini avec la famille en mentionnant que de temps en temps fusaient dans les corridors de faibles vagissements dont vous avez deviné l'origine. Une robuste nounou, enfant du Morvan ou du Charolais, arrivée par le petit escalier, appor-

tait le « bébé chéri à sa mémère », fruit d'une faute
d'avant Monsieur. Monsieur ne voulant pas voir bébé,
encore moins l'entendre, s'en tirait en dédomma-
geant largement nounou de son déplacement. Mais
la situation devenait plus délicate, l'enfant avait eu
la chance de venir au monde lorsque Monsieur
n'était plus tout à fait un étranger pour Madame,
et qu'il pouvait planer des doutes sur la paternité du
gosse. Monsieur s'en tirait encore mais à moins
bon compte. Pour éviter d'aller jusqu'à la reconnaissance devant le maire, il payait en belle monnaie
sonnante et trébuchante les mois de nourrice. H. de
Z..., longtemps après avoir quitté la D..., subvint
à l'entretien d'un enfant dont elle lui avait dit chaque
fois que nounou l'amenait : « Regarde le bien ; c'est
toi tout craché. » On s'expliquera que Z... ait eu
pour ce rejeton ambigu qui, du reste, se fit renvoyer
de tous les collèges, des entrailles de père assez
calmes. « Car enfin je n'ai jamais su, me confia-t-il
vingt ans après, s'il était de moi ou de mon coiffeur
qui me ressemblait. »

*
* *

Par quel charme, dis-moi, m'as-tu donc enchanté ?

J'ai fredonné tout à l'heure ce vieil air de *Mi-
gnon* avec un ami qui mettait sous mes yeux la
collection de photographies de cocottes du Second
Empire. J'ai identifié, une à une, ces célébrités.
Il y en eut de très jolies, certes, mais pas toutes.
Ma génération s'affola pour bien des poitrines et
des mollets aussi déficitaires qu'un budget d'après-
guerre.

Si « le bataillon de Cythère » n'a pu immatriculer de la très belle femme, comme parle Henri Monnier, une Anna Deslions, une Barucci, une Gooja, une Léonide Leblanc, combien d'autres dont la fortune a été vraiment inexplicable ! Ainsi cette Soubise affligée d'une myopie qui lui faisait au trente-et-quarante Hambourg piquer la main d'un voisin au lieu de la carte où se pointent les coups ; cette Marie Delaunay, avec sa figure et sa tournure de cuisinière endimanchée ; cette Adèle Courtois, juste aussi distinguée qu'une concierge de la rue des Vieilles-Haudriettes.

En ce temps où la conquête féminine du brevet supérieur n'était pas un appoint dans un bagage de femme galante, quand Monsieur s'efforçait d'ouvrir à son amie un jour sur l'art et la littérature, c'était autant de jours en souffrance. Les maîtresses de chant, de piano, de dessin, engagées à grands frais ont rarement fini leur mois, les maîtresses de français la semaine. Excepté une dizaine de privilégiées, aucune des plus entretenues n'a écrit, à ma connaissance, dix lignes de suite à peu près orthographiées. C'était, pour neuf sur dix, un labeur de lire autre chose que les courriers de la mode dans *Le Figaro*. A peine dix sur cent, en sortant de dîner au Café Anglais, traversèrent le trottoir pour entrer tapageusement à la Librairie Nouvelle et demander au commis Achille : « Qu'est-ce qu'il y a de nouveau ? » et quand Achille leur plaçait un invendable roman édité par pitié, une fois de retour chez elles, elles ne faisaient même pas couper les pages par la femme de chambre ou par le gigolo.

Même à table, la cuisine n'était pas un thème d'entretien tant soit peu régulier. Les dîneuses n'avaient garde de discuter techniquement le mérite d'une soubise agrémentant une côtelette d'agneau, d'un filet rossini cuit à point. En souvenir des vulgarités absorbées dans leur enfance, elles préféraient, sans l'avouer à d'autres qu'à leur femme de chambre, le fromage d'Italie du charcutier voisin à ce camembert admirable, jaune partout à l'intérieur, presque introuvable aujourd'hui.

Le potin lui-même n'était pas une ressource, car une allusion à tel ou tel scandale mondain nous déplaisait et jetait un froid colporté pour des lèvres de rigoleuse. Il fallait se borner aux racontars sur les aventures et surtout les mésaventures des amies absentes, mais les histoires de « lapins » tournent toujours dans la même marmite. De là des silences fréquents au cours de plus d'une fête et qu'on faisait cesser par des facéties dans le goût de Cora Pearl versant un consommé froid sur la tête chauve de son voisin, le baron B..., ce qui parut lugubre, même à B... homme accommodant, à plus forte raison aux garçons de restaurant, chargés de nettoyer et la nappe et la table, et l'habit et la chemise du patient.

Donc en dehors du tête à tête dont les plus fervents ont bien le droit de se lasser, quels agréments accessoires celles-là et les autres offraient-elles à leurs amants?

Leur conversation? Sur quel objet? Une ignorance variée interdisait ces entretiens familiers aux ménages bourgeois, même de culture médiocre. Nulle d'entre elles, je crois, ne risqua un mot sur la politique, depuis le jour où, à un souper, une jeune dinde, entendant prononcer le nom de Garibaldi, demanda d'un bout de la table à l'autre, s'il était du Club. Le théâtre? Tirées des mélos de l'Ambigu ou de l'opérette, toute leur force d'attention était subjuguée par l'examen minutieux des toilettes dans la salle ou sur la scène. Le jeu des interprètes mâles, y compris, sauf si ceux-ci étaient des favoris du jour, le trapéziste Liotard, ne les intéressait pas davantage. D'instinct malveillantes pour les comédiennes, elles leur en voulaient de travailler du cerveau, de répéter laborieusement un rôle, si elles avaient du talent de gagner leur vie ou tout au moins leur superflu autrement qu'elles. Bref, comme hors d'état de formuler sur la pièce un jugement ayant une queue et une tête, elles n'attendaient pas le dénouement pour demander leur manteau à l'ouvreuse.

Dans *L'homme n'est pas parfait*, amusant vaudeville des *Variétés*, un don Juan des Batignolles, mufle avantageux, décrétait : « Moi, je n'aime que les femmes du monde. Avec elles, quand on a fini de rire, on peut causer. » Quand il eut fini de rire avec son amie, H... de R... lui proposa un voyage au delà des monts. Il me le raconta au retour.

« La semaine précédant notre départ, je lui mis sous les yeux les bouquins de Théophile Gautier et de Taine sur l'Italie. Elle n'en lut pas une ligne, en sachant, me déclara-t-elle, plus long que tous les plumitifs. A Venise, où les gondoles lui parurent des cercueils : elle ne quitta pas les boutiques, même pour entrer dans Saint-Marc. A Rome elle lâcha Saint-Pierre et les galeries du Vatican, parce qu'il y avait trop à monter. Enfin au cours de notre voyage en calèche de Naples à Pestum, elle fit rabattre la capote devant le Vésuve et Sorrente pour jouer plus commodément au piquet avec moi et me gagner dix mille francs à la hauteur d'Amalfi, en reprenant dans son écart... : Si l'on

me pince, conclut-il, dépassant Asnières avec celle-
là, je veux bien être pendu... »

Il la garda tout de même une fois les fortifications retrouvées. Et pour un laps de temps. Anna
Deslions de retour à Paris l'avait pris par les sentiments de famille, l'initiant à ses deuils, lui demandant de l'accompagner tous les Jours des Morts au
Père-Lachaise, où se trouvait le tombeau de l'auteur
de ses jours. La première fois, en montant en voiture avec elle, surpris de trouver sur le coussin un
petit balai, il lui en demanda l'usage. Elle le lui fit
connaître devant la tombe, où elle le lui mit entre
les mains solennellement : « C'est pour écarter de
gauche à droite les feuilles qui encombrent les dalles
depuis le précédent Jour des Morts. »

Et H. de R... avait l'âme sensible. Il garda longtemps à grands frais cette fille modèle. Lambert
Thiboust fut un envoûté. Auteur dramatique en
vogue, il pouvait à toute heure faire répéter longuement des rôles de cinq lignes à de charmantes
jeunes femmes qui se trouvaient suffisamment payées
par l'espoir de souffler ensuite ces cinq lignes à une
amie. Que voulez-vous? Seule Anna avait le prestige. Le plus clair des droits d'auteur de Thiboust
passait dans la caisse des fournisseurs d'Anna.
Malheureusement le succès au théâtre, tout comme
au jeu, a sa contre-passe. Et une année vint où les
pièces de l'auteur des *Filles de Marbre* et de *La
consigne est de ronfler* ne connurent pas ce qu'on
a appelé « plus que le maximum ». C'est au cours
d'une de ces crises que Thiboust rima sur le mode
mi-badin mi-mélancolique qu'il est des moments dans
la vie où

......l'on devient sanguinaire,
Où l'on découvre en soi de rouges horizons,
Où l'on se dit alors, songeant à Lacenaire,
Que peut-être après tout il avait ses raisons,

Que c'est un sombre ennui le million qui manque !
Que lorsqu'on va, seul, la poche vide, errant,
On n'aime pas à voir les garçons de la Banque
Promener leurs grands sacs d'un air indifférent.

Vous vous doutez que, ce jour-là, le pauvre amoureux avait reçu ce congé preste : « Je vous aimais hier. Ne venez point ce soir. »

H. de R... et Thiboust, ne se connaissaient pas même de vue lorsqu'un après-midi Anna étourdiment donna pour le soir à chacun rendez-vous chez elle. Elle se trouvait vraisemblablement chez un troisième amant lorsque les deux premiers arrivèrent chacun de son côté. Réciproque embarras, d'abord. Puis ils se présentent l'un à l'autre, causent de la pluie et du beau temps s'en excusant, regardent la pendule, leurs montres : onzes heures et demie, onze heures trois quarts. A minuit, sans se donner le mot, ils se levèrent et prirent la porte. R. étant le plus jeune d'un an ou deux, céda le pas à Thiboust qui voulait passer le dernier. Une fois dehors, ils recausèrent longtemps, longtemps, si bien qu'ils passèrent toute la nuit à se reconduire jusqu'au seuil de leurs domiciles respectifs en se parlant d'elle avec la même chaleur. Quand on finit par se quitter, on s'était tutoyé. Peu de jours après, ils se revirent avec plaisir chez Anna qui s'arrangea cette fois pour les faire se trouver dans les mêmes temps ensemble pour aller autre part, et notez que H. de R... aurait pu avoir dans le monde, grâce à son nom, à sa figure et à son esprit, des maîtresses très séduisantes, au moins comme intérimaires, et

Promenade, d'après Constantin GUYS

Cliché Giraudon

pour l'honneur d'être avec lui. Au bout d'une dizaine
d'années, dégrisé d'Anna, il nous a raconté : « Cela
durerait encore, si je n'avais appris qu'à Monaco,
devant un tas de gens, elle avait dit de moi : « Il
était bien gentil, Henri, si tendre, si bon. Seulement il ne me faisait pas l'effet d'un amant comme
les autres. Je l'aimais comme une mère. » Zut alors ! »
conclut-il.

Quant à Lambert Thiboust, il a été guéri d'Anna
par ce grand thérapeute, le travail, de nouveaux
succès de théâtre lui ayant permis de boucher les
trous creusés par ses liaisons d'amant de cœur. A un
dîner dont je fus, sa gaîté naturelle avait repris le
dessus. A la hauteur de l'entremets sucré, il répondit avec empressement aux œillades vésuviennes
de Barucci, la belle italienne commodément assise sur
ses genoux. Anna Deslions, qui s'était excusée pour
le dîner, avait daigné paraître au dessert. Lambert
serra tranquillement la main de celle qui lui avait fait
trouver des raisons à Lacenaire et garda Barucci
sur ses genoux. Seulement, au départ, des cris
aigus et un bruit de gifles nous firent courir dans
le corridor. Anna qui avait lâché jadis Thiboust, il y
avait des mois et des mois, et Barucci qui ne voulait
pas le lâcher ce soir, se crêpaient véhémentement
le chignon pendant que l'objet du débat filait en
riant dans l'escalier.

*
* *

> A l'Opéra je serai reine
> En satin, j'aurai des souliers,
> Des valets à mine africaine
> Et des commandeurs à mes pieds !

Ce pronostic tiré, je crois bien, dans *L'Ambas-*

sadrice, musique d'Auber, chanté par je ne sais quelle jeune grue, faisait rire par sa niaiserie mais n'étonnait pas. La fille du prolétaire Deslions n'avait-elle pas eu, elle, à ses pieds, des personnages plus importants encore que les commandeurs d'opéra-comique?

Anna porta-t-elle ses vues plus haut encore qu'un profil d'altesse impériale? Je l'ignore et laisse en paix son ombre légère. En tous cas une autre vendeuse d'amour aussi haut cotée qu'elle sans plus de raison plausible, joua cette intéressante partie et la gagna.

Un beau matin, mon camarade O. me prie de venir dîner au Café Anglais, le soir même, si je suis libre, « avec une femme mystérieuse, me dit-il en confidence. Il n'y aura que nous trois ». L'invitation m'intrigue. O. était un gaillard très allant, ancien brigadier des chasseurs d'Afrique, ayant, sinon de la fortune, du moins de l'argent de poche, ne doutant de rien, surtout de lui-même. Je lui avais connu deux aventures féminines sortant de l'ordinaire. Quelle peut être cette amie mystérieuse?

J'arrive le premier au restaurant. Le maître d'hôtel m'introduit silencieusement dans le Marivaux, vous savez, le cabinet dit « des femmes du monde ». Cinq minutes après, entrée du couple. O. me présente. O. ne me nomme pas. Sa compagne lui donne du « cher ami » et du « vous » avant les hors-d'œuvre. Mais serrés l'un contre l'autre, dès le potage, ils s'amusent à se glisser mutuellement entre les lèvres des bouchées d'aile de poulet et, au dessert, des cuillerées de mousse au chocolat. A ce moment la demoiselle joue avec moi au jeu des devinettes. Elle me parle à la cantonade, me sort de l'histoire de France tant qu'elle peut ; tourne autour des trônes pour y chercher chronologiquement des favorites notoires de monarques, nommant négligemment Diane de Poitiers et la Montespan, la du Barry et Mlle George, Mme du Cayla et la dernière maîtresse du galant Charles X. Pour un peu elle aurait placé une « bonne amie » à Louis-Philippe, le plus fidèle des maris. Elle attendait de moi peut-être une allusion qui voudrait être fine et tenterait de provoquer au moins une demi-confidence, ce qui lui permettrait de me la faire à la femme du monde et de me donner une leçon comme il faut. Elle dut comprendre que je ne montais pas volontiers à l'arbre. Au moment où le café fut servi, elle se pencha sur l'épaule de O. et lui fourra plusieurs canards entre les lèvres. Ce geste me les cachant tous les deux, je quittai le cabinet à pas feutrés.

Le lendemain, au Café de la Paix, sans me demander si j'avais été souffrant la veille, O. me dit, en clignant des yeux :

— Comment la trouves-tu, hein?

Et avant d'attendre ma réponse :

— Tu sais avec qui elle est?

— Avec toi, dis-je, sans laisser à sa fatuité l'occasion de se réjouir d'être trompé par l'Empereur.

Marguerite Bellanger, vous avez deviné, n'est-ce pas? était physiquement ni bien ni mal. Rien de moins séduisant que son accent traînant de l'Ouest. Tout ce que cette paysanne pervertie avait pour elle, c'était de s'habiller avec goût, pas en cocotte, comme cette Cora Pearl, par exemple, si déplaisante à voir dans ses robes où selon le mot de Taine applicable à toutes les Anglaises : toutes les couleurs de l'arc-en-ciel se livraient bataille. Mais ce fut là tout son bagage d'aguicheuse d'hommes. Elle ne mérita pas son incroyable fortune de courtisane aimée d'un souverain. Une veinarde, je vous l'ai dit.

Après septembre 1870, dans les Papiers des Tuileries publiés par le nouveau gouvernement, il est parlé de l'étrange visite faite à Marguerite par le premier président de la Cour d'appel, M. de Vienne, qui tout en lui demandant la livraison de la correspondance impériale, lui conseillait un geste à peu près propre de souveraine de la main gauche, l'abdication et le départ de Paris.

Cette démarche étant restée inopérante, que faut-il penser d'une autre mentionnée discrètement à l'origine et tout dernièrement, avec plus de liberté? Dominant les répulsions qu'on imagine, l'impératrice aurait voulu personnellement une entrevue avec la cocotte. Si le fait est vrai, tenez pour certain, d'après ce qu'on sait sur le patriotisme de la souveraine, que cette visite n'a pas été uniquement inspirée par sa douleur, si légitime qu'elle fût, d'épouse outragée, mais par le souci de couper court à tout prétexte pouvant donner à la malignité publique le droit de dauber la Cour. Toujours est-il que l'empereur comprit son devoir. Il rompit avec Marguerite. La favorite de mon ami O. quitta Paris pour aller faire de la culture maraîchère dans une commune d'Anjou, et très convenablement, me dit-on, entrer dans le cadre de réserve du bataillon de Cythère.

La Païva.

Celle-là, je ne l'ai connue qu'à l'état de ruine. Il y avait beau temps que les petits ramoneurs de Mme Récamier, non seulement ne se retournaient pas sur son passage mais s'enfuyaient horrifiés, tant les noirs ingrédients étalés sur le visage de cette grosse dame leur rappelaient la suie professionnelle.

Elle avait eu des débuts très durs, mais quelle confiance elle eut en elle ! A propos de la fastueuse demeure de mauvais goût dont on a voulu faire un monument historique au même titre que le merveilleux hôtel Lauzun, on a raconté que déjà quadragénaire, lâchée un soir sans ressources par un amant qui avait assez d'elle, sur un banc des Champs-Elysées, la Païva prédit à une compagne : « Là, en face, de l'autre côté de l'avenue, j'aurai le plus bel hôtel de Paris. » La chance de celle-là fut de rencontrer sur sa route un Allemand, fils d'un pays qui n'a pas le sens de l'esthétique ; ensuite un des trois hommes les plus riches du Vaterland, le comte Henckel, s'engoua pour cette femme obèse et maquillée qui n'était même pas une maîtresse de maison. Au nez de convives de la valeur de Taine, de Gautier, de Saint-Victor, elle s'endormait à table. Quand elle se réveillait, c'était pour faire une gaffe, comme le soir où elle commanda à Ponsard à peu près comme elle eût fait pour un pâtissier, des vers sur son fameux escalier d'onyx.

L'auteur du *Lion amoureux* s'exécuta facilement d'ailleurs. Il lui envoya cet unique alexandrin qui n'est même pas de lui :

> Ainsi que la vertu, le vice a ses degrés.

A la même date elle reçut cette épitaphe, qui doit être d'une femme, à la manière de Bossuet :

> Qu'elle garde jusqu'à la tombe
> Ses dents fausses, ses yeux éteints,
> Ses restes de gorge qui tombe
> Et de visage qui s'est teint.

Elle accepta avec la philosophie de Scapin ces « légères blessures », rançon obligée d'une grandeur jalousée par tant de femmes qui n'avaient pas toujours comme elle dénoué leur ceinture à bon escient. Et pourtant ! Un de mes contemporains m'a conté hier : « Je l'avais connue amant de passage, alors qu'elle s'asseyait aux Champs-Élysées, devant son futur hôtel. Je lui rendis visite trente ans après. Elle me reçut dans son lit (ne prenez pas à la lettre l'équivoque préposition *dans*), car c'est sur le seuil de la chambre que je lui dis le banal : « Vous n'avez pas changé. » Elle soupire : « Autrefois j'étais jeune et belle et je crevais de faim. Maintenant. Ah ! Maintenant ! »

« Et comme je m'approchais de son lit, elle cacha rapidement sa figure dans un enfouissement merveilleux de valenciennes et de satin blanc. »

Le prestige ! Dire qu'il fascina un jeune « bien parisien » pourtant, Léon Duchemin, jusqu'à l'envoûter. Sous le nom de Fervacques, Duchemin donnait au *Gaulois* des « tableaux quotidiens » si gentiment troussés que Tarbé, le directeur du journal, laissait le choix des sujets à sa discrétion. Il en abusa. Il finit par user de cette faculté pour nous renseigner tous les jours sur le compte de ce qu'on appela, — je crois bien que c'est lui qui rafraîchit le mot, — « Dames de beauté ». Le lecteur et la lectrice connurent ainsi les noms et prénoms de ces femmes, leurs habitudes, leur parfum favori et parfois des faits et gestes d'elles dont le journal tout en restant comme il faut, pouvait admettre la publication. Or, si agréable de sa personne que fût Fervacques, il ne passa jamais pour avoir sollicité des professionnelles, qui étaient au fond ses obligées, telle ou telle de ces prestations en nature que l'Alle-

magne nous a fournies avec parcimonie. Trop respectueux pour cela il les aimait de loin, mais avec
quel cœur! J'ai retenu quelques lignes de lui parues
en août au moment où Paris se vide : « J'ai, passant hier soir, devant une maison amie, rue Halévy,
levé les yeux sur les fenêtres de trois étages
habités par... (ici trois noms de déesses que j'ai
oubliés). Pas de lumière aux vitres. Un grand trou
noir. Et dire que le mois dernier encore, jusqu'à
minuit et plus tard, c'était un étincellement dans
ces appartements. Fâcheuse saison que cet infâme
été qui prive Paris de sa parure, de sa gloire. »

C'était à nous fendre l'âme. Quand il entra le
soir dans la salle de rédaction, tous ses collaborateurs
mirent, sans s'être donné le mot, leurs mouchoirs
sur les yeux; un de nous trouva un gémissement.
Fervacques n'accusa pas le coup étant bon enfant
et même son visage s'éclaira quand Tarbé, pour le
consoler un peu, lui annonça qu'il l'envoyait toute
une huitaine à Bade où les chères exilées étaient
là pour les courses, la roulette et les altesses, avant
de revenir jeter des flots de lumière dans les trous
noirs de la rue Halévy.

Ah! le prestige, le prestige! Tenez, voici, je
crois, le bouquet. Le vicomte d'A... menacé de
Clichy à raison de dettes contractées pour Cora
Pearl, obtint que sa famille liquidât sa situation :
la somme était ronde. Quand les parents qui habitaient en province, et ne roulaient pas sur l'or,
eurent remis le chèque libérateur à un ami du
jeune homme qui avait bien voulu se charger de la
corvée, il y eut un silence. Puis le père et la mère
dans un même soupir, demandèrent à l'ami :

— Au moins, est-ce que ça se sait qu'il était avec
cette femme?

CHAPITRE XII

LE CANCAN

Au bal de Bougival. — De l'Opéra à la Reine-Blanche. — Les
bals en plein air, Mabille, Rigolboche.

Le cancan n'a pas été le produit de je ne sais
quelle génération spontanée chorégraphique, mais
bien une exagération, une hypertrophie du quadrille
dansé dans les austères maisons bourgeoises, ou
par les villageois avec un rythme ordonné des bras
et des jambes, aussi décent que le menuet Louis
quatorzième. Le quadrille exécuté par les indi-
gènes de Bougival se ressentait de son voisinage
de Nanterre et de ses prix de vertu, tandis qu'en
face de la tente où s'ébattait ce que nous appelions
ironiquement le bal honnête, notre bal des canotiers,
le seul où il fut chic de danser, c'était le comble
du débridé.

A quelle date et en quel lieu une cheville féminine se dressa-t-elle pour la première fois comme
un défi sous le nez d'un garde municipal? Ce point
d'histoire contemporaine me demeure inconnu. En
tous cas, il est antérieur d'au moins vingt ans à

mon entrée dans le monde où l'on s'amuse, alors que Gustave Nadaud célébra

> Pomaré, Maria,
> Mogador et Clara,

déjà mûres quand je contemplais à Bullier le va-et-vient de mollets de Finette la Bordelaise, ou d'Alice la Provençale, et que

> Dans un quadrillé à part,
> J'ai vu le grand Chicard
> Avec grâce étalant
> Son pantalon qui dimanche était blanc.

Mais c'est au bal de l'Opéra que toutes ces gloires se sont trémoussées chaque hiver devant la France et l'étranger.

Henriette Maréchal des Goncourt reproduit exactement le vocabulaire argotique ayant cours dans les couloirs, au foyer, au haut de l'escalier et que posséda dans tous ses termes ce malheureux Rémy qu'assassina, il y a quelques années, son valet de chambre et dont on se plaisait à écouter les (lâchons le mot) pittoresques engueulades toujours cocasses. Par surcroît, je ne manquai pas de suivre sournoisement d'autres types de rigolos qui se payent une tête de godiche fourvoyé dans la salle. « Tête » est une façon de parler. Jacq....., garçon jovial, fit enlever son pantalon à un provincial ahuri en lui disant : « Il est à moi », dans une loge de troisième où il l'avait entraîné perfidement. Le bon jobard ayant obéi de crainte d'être pris pour un voleur, Jacq... examina l'objet sur le rebord de la loge, pour mieux voir, avant de le laisser tomber dans la salle du bal où il alla coiffer Clodoche, à moins que ce fût Flageolet, la Comète et la Normande, les trois autres membres de ce quatuor immortel.

Avant moi le fameux Lord Seymour, dénommé par le boulevard « Mylord L'Arsouille », avec son cortège de débardeurs et de pierrettes dévala le long de la légendaire « descente de la Courtille », partant des boulevards extérieurs et ne s'arrêta qu'à la salle de bal de la rue Drouot, pour y « chahuter » jusqu'au jour levé.

Car sous Louis-Philippe, les dandys ne se trouvaient pas disqualifiés de danser en public. C'est sous le Second Empire, que je ne sais plus quel arbitre des élégances décréta qu'il était de mauvais goût de s'exhiber ainsi. Il fut obéi. Les gandins se muèrent en simples spectateurs. Les grands cercles prirent en location les loges des premières pour regarder à l'aise au-dessous d'eux, sur le plancher, opérer les danseurs payés à tant la nuit. Seulement, au bout d'une heure ou deux, s'ennuyant de voir des jambes et des bras s'agiter avec monotonie, ils leur tournèrent le dos et préférèrent s'occuper des visiteuses qui entraient sans frapper dans les loges comme dans un moulin, ce qui pouvait amener des rencontres fâcheuses. Certaine nuit un jeune homme inconsidéré et pochard esquissa le geste d'enlever le masque d'une femme assise sur les genoux d'un monsieur. Celle-ci se leva brusquement et fila de la loge, assez à temps pour que le jeune homme ébahi, n'ait jamais su que c'était sa mère.

Il était convenu de laisser le foyer aux échappés de leurs pensions et de leurs provinces ainsi qu'aux contemporaines de Charles X qui s'empressaient autour d'eux. Le vrai mouvement se concentrait dans les couloirs. Pierrettes, pêcheurs Napolitains, Arlequines, fausses nourrices, fatiguées de se marcher sur les pieds, s'arrêtaient devant une loge pour essuyer de leurs mouchoirs le plâtre collé par la sueur sur un visage généralement quelconque. Les maîtresses lâchées la veille expectoraient les plus gros mots de la langue verte à telle ou telle en qui elles soupçonnaient une remplaçante. Mais les plus ennuyés étaient les hommes mariés, venus avec leurs femmes légitimes, et auxquels d'anciennes camarades de fêtes lançaient un familier : « Plaque donc ton crampon ! » Et c'est à cela que se résumaient neuf fois sur dix les « intrigues » du bal de l'Opéra.

Quand la salle de la rue Le Pelletier flamba, il y a un demi-siècle, les bals de l'Opéra étaient aussi flambés. J'y suis venu et surtout j'en suis revenu et pour toujours, non pour avoir été, comme rue Le Pelletier, serré, pressé, encaqué, mais juste pour le contraire. Il n'y avait guère là que des billets donnés. Dès l'entrée, on se sentait glacé par la solennité de l'escalier monumental. Dans la salle, Clodoche et ses trois camarades s'attristaient visiblement de chahuter dans le désert. Ces fêtes à la manque n'eurent de succès que dans les journaux, à vingt francs la ligne. Ce fut le dernier coup, car ce n'était plus du cancan que l'acrobatie laborieuse de Grille d'Égout et de la Goulue avec le balancement monotone des pointes de leurs deux pieds sous le nez des spectateurs du Jardin de Paris.

L'incontestable mérite du bal de l'Opéra était de ne coûter que dix francs, ce qui n'était pas donné d'ailleurs, car pour quarante sous nous achetions le droit d'étouffer dans les salles surchauffées du Casino Cadet et de Valentino. Il est vrai que nous ne regardions pas davantage aux cinquante centimes qui nous donnaient accès à la Reine-

Blanche, car c'était une joie pour de grandes cocottes endiamantées et qu'habillait Mme Laferrière, d'être coudoyées par des porteurs de casquettes à trois ponts du numéro de celui que j'ai entendu, au passage de Caroline Letessier et d'Anna Deslions, pilotées péniblement le long des tables par des jeunes gens ultra-chics : « Qu'est-ce que tu disais donc, baron, que la bonne société ne se donnait pas rendez-vous à la Reine? »

La « Reine » fut visité un soir par Émile Gaboriau, le célèbre auteur de *L'Affaire Lerouge,* qui avait besoin pour un de ses romans policiers d'étudier d'un peu près un type de Bel-Ami au rabais. Pour plus de conscience, il eut l'idée de s'affubler en gentilhomme sous-marin, avisa une promeneuse, la moins mal du lot, l'entortilla par son air avantageux, le dandelinement de son torse, le grasseyement traînard de sa voix. Elle l'entraîna, très emballée, chez elle. Le lendemain matin, satisfaite de sa nuit, elle tira de son porte-monnaie une belle pièce d'or et la tendant au romancier lui dit : « Tu n'auras pas perdu ton temps, mon petit homme. » Gaboriau repoussa doucement la pièce, et tirant deux louis de sa poche renseigna : « Je t'ai fait une blague, ma petite, je ne suis pas ce que tu crois. » La donzelle, furieuse, repoussa l'argent, et, à son tour, lança au faux Monsieur Alphonse, un mot qui rime richement avec lapereau.

Pendant la belle saison, Bullier, le Château-Rouge, l'Élysée-Montmartre offraient une façon de jardin. Mais les deux bals d'été à la mode ont été aux Champs-Élysées, l'éphémère Château des Fleurs, situé à gauche, près de la barrière de l'Étoile, et Mabille, qui dura au moins un demi-siècle, l'éternité pour un bastringue. J'y ai vu pirouetter Alice la Proven-

çale, Finette, Hortense Landau, une dame bien mal
embouchée, qui « faisait » trois à quatre bals par soirée.

S'il est vrai que toutes les traditions sont respectables, l'habitude qui se perpétua depuis le premier
Grand Prix de faire du chahut à Mabille revêtait
le caractère d'un rite. Vers les dix heures, sans
un mot d'ordre préalable, on se précipitait en ordre
dispersé sur l'orchestre pour le remplacer de force.
Un soir où j'en étais, un colosse, je crois bien que
c'était le marquis de Langle, homme très doux,
comme tous les colosses, escalada l'estrade. Une
grande majorité d'habits noirs se rua derrière lui
à l'assaut et la bataille commença. Les musiciens
montrèrent de remarquables qualités dans la défen-
sive. Quant à moi, mis hors de combat par un musi-
cien qui joua à la perfection de son instrument sur
mon occiput, et replié en mauvais ordre, je fus
témoin d'une courte lutte entre le duc de Hamilton
et un gringalet garçon de café. D'un coup d'épaule
vigoureux, le robuste Anglais envoya rouler ce
petit bout d'homme sur le gazon de Mabille. Après
quoi, lui-même et quelques-uns de ses lieutenants
les plus ardents furent menés au poste de l'avenue
Montaigne, où ils ne séjournèrent pas longtemps,
le duc étant parent de l'empereur. Les autres se
dispersèrent. J'ignore où se rendirent les moins
gris. Les déjà « obtenus » achevèrent leur nuit au
Café Anglais ou à la Maison d'Or.

Dans les jours plus calmes on faisait cercle
autour de la prêtresse du chahut, l'immortelle Rigolboche, dont les mémoires, mis au point par Ernest
Blum du *Rappel* étaient aussi bébêtes que possible,
mais nous les avons tous lus, Rigolboche comprise,
car elle pouvait lire l'imprimé.

J'ai connu Rigolboche, un beau soir, dans un

grand tralala donné par un Russe de nos amis : elle fut si fêtée par notre bande que, bonne fille, elle nous invita à dîner dans sa maison de campagne sise à Bobigny, près Pantin. Nous avions tout apporté pour le repas, y compris le champagne, dont on abusa. On dansa dans le jardin, où il y avait assez de place pour contenir les invités, soit avec nous, trois maraîchers formant le tout Bobigny des premières. Rigolboche daigna désigner un des maraîchers pour lui faire vis-à-vis, et dansa avec une retenue dont elle eut la bonté de s'excuser auprès de nous :

— Je suis de Bobigny, fit-elle. Ça n'aurait pas été convenable de lever la jambe comme à Mabille... Et puis, ce que j'aurais sué par cette chaleur !

Peut-être, mais ses jarrets auraient tenu le coup. Quoique plutôt boulotte, elle se remuait de droite à gauche et de bas en haut comme la plus svelte des danseuses d'Opéra. Elle semblait destinée à chahuter jusqu'à soixante ans. Elle est morte jeune.

Pour en finir avec cette célébrité, la tête sur le billot des bolcheviks, je ferai connaître envers et contre toutes les académies et tous les glossaires autorisés, que *Boche* vient de *Rigolboche*. La filiation étymologique est toute naturelle. L'enfant de Bobigny, répondait à son prénom de Marguerite et au surnom de la Huguenote. Un soir, à souper, trouvant drôle la tête d'un type présent, au lieu de dire de lui : « Il est rigolo », elle prononça : « Il est rigolboche. » Cette terminaison *Boche* parut de sonorité amusante, comme *Bamboche* par exemple, et par là fit fortune. On l'appliqua à des centaines de noms de personnes et même de peuples, en changeant les dernières syllabes, ainsi : Allemand devint *Alboche*. En résumé, le diminutif *Boche* a une origine tout à fait inoffensive pour les Teutons. Si cette explication les dispose à ne plus exiger de notre diplomatie qu'elle mérite de s'appeler une concession à perpétuité, le petit cours de philologie que je viens de donner n'aura pas été perdu pour les équilibristes de nos budgets.

CHAPITRE XIII

MONSIEUR ET L'AMANT DE CŒUR

Monsieur et sa fonction. — Deux types d'amants de cœur. —
L'engagé aux Chass'd'Af.

Le monsieur que je n'ai pas connu, c'était l'amant
des femmes qu'Émile Augier, dans une de ses
meilleures pièces, appela les *Lionnes pauvres*. Pour
parler plus crûment, les bourgeoises mariées qui se
font entretenir. Le mari quelquefois était un brave
homme. Celui de la pièce d'Augier, quand il apprend
son déshonneur, en meurt de douleur et de honte.
J'ai aussi ouï parler de deux autres qui firent regretter aux amants magnifiques de leurs femmes de ne
s'être pas exclusivement consacrés aux cocottes.
L'un de ces derniers reçut une série de coups de
pieds dans les reins qui lui firent dégringoler vingt
marches d'un escalier, l'autre une balle dans le
ventre. Ces deux désagréments n'ont pas dégoûté
des lionnes pauvres les imbéciles flattés, même s'ils
ne le crient pas par-dessus les toits, d'être « distingués » par une femme mariée. D'astucieuses
proxénètes ont exploité cette enfantine vanité. Une

après-midi, dans une maison de rendez-vous où je flânais avec deux camarades, une petite brune, en nous voyant, retint un cri. Nous reconnaissant pour nous avoir vus dans je ne sais quel bastringue ou restaurant, la tenancière sortie, elle nous demanda de ne pas la trahir : « Ici, nous confia-t-elle, je suis la femme d'un notaire de Pontoise. »

Tout mari, loyalement complaisant, connaissait son devoir. La galerie pouvait le croire parti pour les antipodes sans esprit de retour, tant il prenait soin de s'effacer. En revanche, parfois, l'entreteneur tenait à ce qu'il s'exhibât à certaines occasions pour sauver les apparences si une haute position dans le monde ou dans les cours de l'Europe l'exigeait. Monsieur, qu'un vilain terme d'argot appelait autrement en adjoignant l'épithète « sérieux », a mérité d'ordinaire cet adjectif car, dans la gestion des intérêt de la demoiselle, il apportait non seulement de la ponctualité, mais de la délicatesse. Laissant les yeux de la déesse planer au-dessus des détails matériels de l'existence, il remettait, le premier du mois, une somme fixe comportant les affectations ordinaires d'un budget de jeune femme mariée : tant pour la toilette, tant pour les gages des gens, tant pour les menus plaisirs. Dans le courant du mois il grondait peut-être mais paternellement s'il était invité à faire une avance sur la deuxième quinzaine et il était tout à fait heureux de dire : « A la bonne heure, tu deviens sage », quand la belle ne lui avait rien demandé le reste du mois, le déficit ayant été comblé par une amie momentanément riche ou par un quelconque coadjuteur.

Monsieur, par ailleurs, jouissait pleinement du droit de se considérer chez lui chez elle. Il en avait la preuve tangible comme unique possesseur de la clef. Vous vous doutez que celle-ci a été quelquefois inopérante de par le jeu naturel de la concurrence entre deux ou plusieurs galants.

Qu'il fût jeune, vieux ou simplement mûr,
« Monsieur » ne riait que du bout des lèvres
dans nos dîners ou nos soupers au restaurant ou
chez « l'amie ». D'abord, chez celle-ci, il avait
fort à faire, ne serait-ce qu'à constater si tout se
passait comme il l'avait réglé, depuis le protocole
des places à table jusqu'aux moindres détails du
service, mais il n'allait pas jusqu'à orienter des
conversations languissantes vers tel ou tel sujet
plus intéressant, tant il était soucieux de paraître
un simple invité.

Un Monsieur, qui fut un vrai type dans ce rôle
délicat, s'appelait le comte Levachoff, boyard aux
sentiments élevés, qui s'était donné la tâche de
réhabiliter Mathilde Lasseny, dont je reparlerai
au chapitre opérette. Cet apostolat, inspiré en
partie par la lecture des romans russes, lui coûtait plus que n'ont rapporté *Résurrection* et *Crime
et Châtiment* à Tolstoï et Dostoïevsky. Lasseny,
gamine de Paris, amusante au possible, se laissait
mener sans trop d'humeur dans la voie du salut,
quitte à blaguer Monsieur de préférence devant
le monde. C'est ainsi qu'un jour, à dîner, chez
elle, elle l'interpella : « Mon cher Comte » et elle
épela lettre par lettre COMPTE. Le comte
esquissa un sourire vague, et mit son nez dans son
assiette, mais ni cette facétie ni d'autres du même
tonneau ne le détournèrent de sa mission de rédempteur que le jour où une pluie de papiers timbrés expédiés à Paris par des huissiers moscovites,
le rappela à Saint-Pétersbourg.

En principe, même refroidi sur les attraits de

Madame, même tenté d'apprécier de près ceux d'une remplaçante éventuelle, Monsieur prenait rarement l'initiative du lâchage. Question d'habitudes, de pantoufles à déplacer et de bonté d'âme.

Le cœur de mon ami S. V... avait cessé de battre depuis longtemps pour Athalie Manvoy qu'il entretenait largement, quand survint le siège de Paris. S. V. qui y restait comme mobile, envoya Athalie à Nice s'installer confortablement avec sa respectable mère. Or un soir, après dîner, de bons camarades, dont moi, nous nous complûmes à un petit jeu de société que le siège suggéra. Bloqués hermétiquement, ne recevant aucune nouvelle de la province, mais pouvant correspondre avec elle au moyen des pigeons voyageurs, nous imaginâmes de faire écrire par S... une lettre où il racontait à l'absente avoir su par des prisonniers allemands des détails précis sur sa fidélité, qui lui permettaient de conclure : « Nous ne sommes plus ensemble. » Le siège fini, Athalie bondit par le premier train dans Paris, courut se jeter aux pieds de S... et reconnut humblement les coups de canif de la Côte d'Azur. S... la releva, lui pardonna à raison de sa sincérité, sécha les larmes avec quelques billets de mille, et le lendemain se mit avec une femme honnête moins chère et guère plus infidèle que l'évincée.

Au prix où se payait déjà une toilette et des diamants, le règne de « Monsieur » n'avait pas la durée de celui de Louis XV.

Quelquefois donc il fallait passer la main. Généralement cette transmission des pouvoirs se faisait sans grande secousse, mais d'autres fois, quand « Monsieur » avait Madame « dans le sang »,

il consentait douloureusement à rétrograder. Il
devenait alors amant en second, et c'est lui que
la femme de chambre fourrait dans les placards,
cet abri inconfortable réservé, lui régnant, à l'amant
de cœur. Ce personnage nettement distinct de
Monsieur et de l'amant en second était le favori
(à moins qu'ils ne fussent plusieurs), le préféré ;
Madame n'acceptait de l'amant de cœur que les
petits cadeaux gentils : éventails, flacons, sachets,
et, aux heures de liberté, la balade, à savoir les
dîners dans les restaurants où l'on se rend chacun
de son côté, et très tard pour n'être pas reconnus et,
suivis de la baignoire du fond dans un petit théâtre.
Ce n'était pas toujours une économie d'être amant
de cœur, aux yeux du moins d'Eugène Chavette,
le jour où il rima cette courte fable :

> Un jeune homme fort opulent
> Faisait la noce avec des dames
> Si bien qu'il devint indigent.

MORALITÉ

Ne donnez pas d'argent aux femmes !

Monsieur, amant en second, amant de cœur, j'ai
connu une personnalité originale qui fut les trois :
Xavier Feuillant, fils d'un riche bourgeois de Paris,
qui, après avoir marié ses deux filles dans la meilleure noblesse, était mort trop tôt pour surveiller
l'instruction et les premiers pas de son fils dans la
vie. Ayant, sous le toit familial, de bonne heure
lassé la patience de cinq ou six précepteurs, fourré
ensuite dans des pensions où il apprit d'après
ce qu'ont dit ses meilleurs camarades, tout juste
à lire l'imprimé, une fois jeté sur le boulevard, et

au bout d'un an de fête, il dut s'engager aux chasseurs d'Afrique, où il atteignit les galons de maréchal des logis, car il ne boudait pas devant un arbi. Je le retrouvai débarrassé de l'uniforme. Il avait hérité et fut alors très chic, étonnant même de vieux « lions » et dandys par sa maîtrise à cheval au Bois ou dans un steeple. Et aussi par le choix de ses maîtresses. Je dis « choix » à dessein, car il était de ceux qui peuvent jeter le mouchoir où ils veulent, certain qu'il y aurait des crépages de chignons entre actrices ou cocottes concurrentes pour le ramasser. Joli garçon, bien pris dans sa petite taille, il possédait en outre la faculté précieuse avec des femmes oisives et sans cervelle, de s'occuper d'elles depuis le matin jusqu'à la nuit très prolongée. Il ne leur faisait jamais la lecture, même dans l'imprimé, mais, toujours aux petits soins pour elles, il leur apportait le tabouret le mieux rembourré, leur entassait des coussins derrière le dos avec une importunité qui les flattait.

Un soir (je saute quelques années), je venais de bâcler pour Hortense Schneider, au cours d'un souper d'amis avec elle chez Bignon, un quatrain où ma galanterie se gardait bien de la confondre avec sa camarade des Variétés Silly, sa bête noire. Feuillant se pâme de confiance, fait venir le chasseur du restaurant et commande :

— Allez m'acheter un mètre de satin blanc tout ce qu'il y a de mieux. C'est pour écrire des vers dessus... Filez vite ! Et prenez la voiture de Mme Schneider.

Retour du chasseur. Pour être plus sûr de réveiller un passementier il s'est adjoint le collègue du Café Anglais et de la Maison d'Or. Tant pis pour ces messieurs et ces dames qui les ont sonnés dans ces trois restaurants. M. Feuillant avant tout. Ils ont le satin. Feuillant les couvre d'or, s'en va dans un coin déplier l'étoffe, l'étale, la lisse dévotement et, au moment où il revient pour me tendre un porte-mine en or, la grande duchesse de Gérolstein qui l'a regardé faire, eut le temps de nous dire : « A-t-il des attentions, cet animal-là ! »

Plus difficile à psychologuer, cet autre impulsif, Edmond de Lagrené, fils du premier ambassadeur que la France ait envoyé en Chine. Intelligent et lettré, charmant de visage et de tournure, il aurait pu faire un riche mariage. Par surcroît sa noblesse était de vieille date, quoi qu'on puisse inférer de son prosaïque nom patronymique, de Torchon. Enfin il était de la Carrière, apport apprécié dans une corbeille. Eh bien! cet homme, envié pendant plus de dix ans par tous ceux qu'attirait *l'odor di femina*, a plus souffert par l'amour que le plus difforme et le plus idiot des déshérités de la vie. Pourquoi? Parce que n'étant pas assez riche pour être « Monsieur », il ne pouvait se résigner au rôle secondaire de l'amant de cœur à qui la soubrette dit : « J'assure à Monsieur que Madame n'est pas là », alors qu'il vient de voir une canne dans le porte-parapluie de l'antichambre. Il pestait contre les bienséances qui lui interdisaient « d'accuser le coup », mais il en avait pour toute la journée à se manifester insupportable. Quand « Monsieur » était malade ou en voyage, n'étant pas, lui, en état de faire assez bien les choses pour prendre l'intérim, il était jaloux de quiconque approchait la bien-aimée. Si elle était actrice, du directeur, du régisseur, des acteurs, des pompiers de service.

Seul avec elle, implacable juge d'instruction, il la torturait de questions, la condamnait sans l'entendre. Elle se fâchait, le mettait à la porte ; il rentrait par la fenêtre, demandait pardon et recommençait le lendemain à se mordre les poings, à pousser des hurlements, pendant que l' « amie » se passait de la pommade raisin sur les lèvres.

Il va de soi qu'ayant mangé son argent et ruiné son crédit, il lui fallut quitter Paris et son poste au quai d'Orsay pour des résidences éloignées du papier timbré parisien. Il fut consul dans un poste de l'Amérique Centrale, sur un haut plateau où manquait l'air respirable. Très vite il rentra à Paris, déjà mûr, mais encore miroir à cocottes Distingué par la V..., hétaire très en vue, il lui fit une scène au premier chapeau masculin trouvé dans l'antichambre. Une heure après, appelé dans un moment d'expansion Gustave au lieu d'Edmond, il cria, tempêta, fut mis à la porte, et vint sangloter chez moi, longuement. Un jour où je tâchais de lui donner assez de courage pour ne plus mettre les pieds chez la « perfide » et pour chercher autre part une âme un peu plus digne d'être la sœur de la sienne, il m'avoua franchement son éloignement invincible pour les femmes qui ne le faisaient pas souffrir. Et je dus renoncer au rôle généralement ingrat, quand on n'en profite pas, de consolateur. Pauvre martyr ! j'ai toujours eu pour lui, une grande pitié, surtout plus tard quand, ayant trouvé dans les romans russes des types d'hommes de son espèce, je me suis rappelé l'origine slave de sa mère.

Que faisaient Monsieur, l'amant en second et l'amant de cœur une fois décavés jusqu'au dernier louis ? Le plus souvent, c'était chic de s'engager aux chasseurs d'Afrique et de se raconter pendant ou après à un camarade qui répondait quand il avait le temps. J'ai tenté ce dialogue. Exemple :

TOTOR A TUTUR

Au tripot, quand déjà l'aurore
A travers les rideaux brillait,
Quand j'eus dit — je me vois encore
Avançant mon dernier billet —
« J'en prends une », un sombre Bulgare
Abattit neuf sur mon enjeu,
Puis il alluma son cigare
Et partit sans m'offrir du feu...
Maintenant je fais triste mine,
Ami, sous ce ciel africain
Qui fait éclore la vermine
Et donne à manger au requin.
Perdu dans ce pays sauvage
Ou « Sacredié » se dit : « Allah »,
Le matin, après le pansage,
Il faut nettoyer la smalah.
Esclave d'un mot et d'un signe
Je rampe devant ma marchef
Et s'il me flanque à la consigne,
Je dois penser « Bono bésef ».
Moi qui trouvais au temps prospère
Le londrès bon pour les voyous,
J'ai des attentions de père
Pour ma pauvre pipe à deux sous...
Je te griffonne, ami fidèle,
Les sombres lignes que voici
A la lueur d'une chandelle
Du café le moins toc d'ici,
Après avoir avec trois hommes
Etrangers à l'emploi du tub
Joué tristement nos consommes;
Voilà qui n'est pas Jockey-Club.
C'est l'heure où brillent les croisées
Du grand 6 de la Maison d'Or.
Frère, au Bois, aux Champs-Elysées,
Garde-t-on ma mémoire encor ?

Élégantes du Second Empire,
d'après un dessin de Constantin GUYS

Gontran est dans les ambassades,
Moi, dans les dragons, à Provins.
Albert est maître d'équipage
Chez le duc d'un nouveau duché,
Jean avait frisé l'affichage
Mais sa vieille l'a décroché.
Ton infante est toujours très blonde.
Son landau va toujours au Bois.
Dans les soupers, lorsqu'elle est ronde,
Elle dit ton prénom des fois,
Mais ce n'est rien qu'une marotte
Dont elle rit quand ça lui prend.
Et pourtant, dès qu'elle s'y frotte,
Ce que je la rosse en rentrant !

Un jour vint où, par la voix insidieuse de la pitié, le prestige trouva un sournois accès auprès des femmes du monde les plus honnêtes et même les plus austères qui jusque-là, du haut de leur calèche, autour du lac, ou de leur loge au théâtre, détournaient ostensiblement leurs regards de celles qu'elles appelaient « des créatures ».

La genèse de cette évolution précède de quelques années le Second Empire. A cette date un jeune amant de cœur se brouille avec une très jolie fille, sa maîtresse, part en voyage pour l'oublier, et au retour apprend qu'elle est morte pendant son absence d'une maladie de poitrine. Tout son amour lui revient au cœur. Il court chez la jeune femme, ouvre, en pleurant, la porte qu'il avait ouverte si gaiement autrefois, reste là une demi-journée et chez lui le soir jette sur le papier des vers *à une morte* où il passe sa douloureuse revue de tous les objets qui lui ont rappelé un cher passé, la table où ils soupaient tout près l'un de l'autre « aux beaux jours du printemps », le piano dont la bien-aimée éveillait souvent le concert, l'horloge dont le murmure alterné sonnait autrefois pour lui l'heure tant attendue, les grands vases de Chine où se mouraient encore quelques bouquets de fleurs, enfin cette couche déserte d'où ses yeux se sont rivés sur la porte qu'avait franchi une dernière fois la chère âme envolée.

Cinq ans après, l'affiche du théâtre du Vaudeville portait *La Dame aux Camélias*, pièce en cinq actes par M. Alexandre Dumas fils.

La Dame aux Camélias, Marguerite Gautier dans la pièce, de son vrai nom Marie Duplessis, était « la chère âme envolée » de la pièce. Dumas fils a dit d'elle, dans la préface : « Elle fut une des dernières courtisanes qui eut du cœur. C'est sans doute pour cela qu'elle est morte à vingt-trois ans. » Mais vous voyez qu'il la classe sans fausse pudeur, courtisane. C'est le terme qu'il emploie aussi *A une Morte* avec cette addition :

Prompte à tous les plaisirs, prête à tous les amours.

Il l'a toujours vue sous cet angle. Je lui dis un jour : « Beaucoup de gens s'étonnent que vous ayez donné le rôle de Marguerite Gautier à Doche qui n'a été bonne comédienne que ce jour-là. » Il me répondit : « J'ai l'habitude, dans la distribution de mes rôles, de les attribuer aux interprètes dont la vie privée se rapproche le plus possible de celle de mes personnages. Mme Doche remplissait cette condition. » Ainsi Dumas ne s'est jamais défendu d'avoir aimé une femme qui, exceptionnellement, il l'a dit, ne lui a rien demandé. Lui aussi a subi le prestige.

Et avec quelle ferveur! S'il m'a fait le précieux cadeau de son volume *Péchés de jeunesse*, où se trouvent les vers que je viens de donner par bribes, c'est pour me remercier d'avoir, la veille, dans un

coin de salon d'une maison amie, récité par cœur
les dernières strophes si exaltées de *A une Morte,*
cette pièce publiée par un journal le matin :

> Pauvre fille! On m'a dit qu'à votre heure dernière
> Un seul homme était là pour vous fermer les yeux
> Et que sur le chemin qui mène au cimetière
> Les amis d'autrefois étaient réduits à deux.
>
> Eh bien! soyez bénis vous deux qui, tête nue,
> Méprisant les conseils de ce monde insolent,
> Avez jusques au bout de la femme connue
> En vous tenant la main mené le convoi blanc.

La première de *La Dame aux Camélias* a été
donnée pendant que j'étais encore au collège. Après
un assez long intervalle j'ai vu une reprise. Elle
fut triomphale. Les larmes coulaient de tous les
yeux de femmes. Dès le lendemain se produisit un
des cas le plus marqué qu'il soit de l'influence du
théâtre sur nos mœurs ou notre absence de mœurs.
Nombre de cocottes eurent l'astuce de « la faire »
à la *Dame aux Camélias.* Elles se passèrent un
mouchoir sur la bouche devant témoins, le remirent
nerveusement dans leur poche. A la question :
« Qu'est-ce que vous avez? » Elles répondirent :
« Rien, un peu de sang, parlons d'autre chose. »
Les gogos ne parlèrent que de cela, s'attendrirent.
Tel, qui n'avait dans l'idée qu'un bail d'un mois ou
même d'une semaine, s'acoquina avec « l'intéressante » poitrinaire.

A quelque temps de là, les femmes du monde,
qui avaient pleuré la mort de Marguerite Gautier,
virent avec indulgence les « pauvres filles » entrer
au pesage de Longchamp ou de La Marche, interdit
jusque-là, et plus d'une même dit à un frère ou à
un ami, en désignant une de ces nouvelles venues :

« Allez donc lui demander où elle se chapeaute. »

Je n'ai pas fini. Quand on prend certaines femmes au sérieux on est bien près de prendre les choses au tragique avec elles. Les suicides par amour se multiplièrent au point que les journaux durent leur ouvrir une rubrique spéciale. Lorsqu'Alexandre Duval se tira un coup de pistolet chez Cora Pearl et pour Cora Pearl, celle-ci renseigna les reporters. Alexandre Duval guérit de sa blessure. Mais, pour ma part, je suis encore affligé, après tant d'années, au souvenir du jour où mon cher camarade, Robert L., fut trouvé mort dans sa chambre, laissant à sa belle une lettre dont celle-ci était si fière. J'ai voulu l'ignorer. Il me semble qu'elle devait dire à peu près ceci :

Si tu veux t'offrir, ma très chère,
Un spectacle un peu curieux,
Dis que tu t'en vas chez ta mère
Ce soir, à l'amant sérieux.

Et dans cette armoire profonde
Où, dès qu'il entrait, je sautais,
Prends ta robe « femme du monde »
Que j'aimais tant, quand tu l'ôtais.

Et viens chez moi, veux-tu ? Qu'importe
Que personne ne vienne ouvrir.
J'ai laissé la clef sur la porte.
Mieux vaut être seul pour mourir.

Raide, étendu dans une pose
Comme on en voit sur les dessins,
Le long de ce canapé rose
Dont tu connais tous les coussins,

Cela vaut bien une première,
Comme écrirait un chroniqueur,
Tu pourras voir à la lumière
Le poignard que j'ai dans le cœur.

Le pistolet, c'est trop farouche,
Et, ma foi, je n'ai pas osé
Faire en lambeaux voler ma bouche
Où ton souffle aimé s'est posé.

Tu ne seras pas trop surprise.
Rasé, peigné, lisse et coquet,
J'aurai semé sur ma chemise
Les fleurs de ton dernier bouquet.

Je n'ai plus rien. Mais, pour ta peine,
Si tu fais un bac demain soir,
On dit que ça porte la veine,
Trempe dans mon sang ton mouchoir.

Et si Cora qui te jalouse
Aux courses devant du public,
Au buffet ou sur la pelouse,
La fait à la femme extra-chic,

Dis hautement, avant de mettre
Tes quenottes dans un gâteau :
« Bob est mort pour moi, j'ai sa lettre.
Je suis la reine du bateau. »

La reine du bateau est restée quelque temps
sans se montrer dans les lieux où l'on rigolait. La
nuit où elle reparut dans un souper, elle se défendit d'avoir été la cause du suicide. A l'entendre,
le pauvre garçon avait été trop délicat avec elle.
Elle l'aurait gardé de temps en temps. Puis, après
avoir papoté avec des voisines, elle me jeta d'un
bout de la table à l'autre : « Pas vrai qu'il avait une
jolie oreille, Émilien ? »

Le soir de l'enterrement de ce gentil camarade,
encore tout secoué par les émotions de la journée,
je vois entrer chez moi Léon Chapron, dont j'ai
déjà parlé. Léon Chapron, mon ancien condisciple
dans un de mes nombreux collèges avait, une fois
son droit terminé, brillamment débuté au barreau.

Il plaidait de préférence les procès, comme on dirait aujourd'hui, bien parisiens. Son esprit et sa verve enchantaient les magistrats, ses confrères, le public. L'avocat très occupé Clément Laurier, l'ayant pris en amitié, lui avait assuré un joli commencement de clientèle. Je le rencontrais de temps en temps dans Paris. Il me faisait amicalement honte de mon oisiveté, lui qui allait avec un lourd dossier sous le bras, dans la direction du Palais. Il était si agréable causeur que j'avais moins de remords, en l'arrêtant, de lui faire perdre de son temps. Un beau jour, c'est lui qui m'arrête, à mon grand étonnement, pour me raconter qu'il a envie de se distraire et que cela l'amuserait de souper de temps en temps. Je l'invite pour le soir même, l'amène à la Maison d'Or et le présente à mes camarades, qui étaient en nombre, dans un vaste cabinet. Il fit, dès les premiers mots, en un tour de langue, la conquête de tout le monde, en jouant ce qu'on appelait alors le Desgenais, ce personnage de la *Confession d'un enfant du siècle,* qui ne se mêle aux fêtes galantes que pour les vitupérer. Un raseur, au fond, qui vous gâte un souper, mais *Chapron* n'était pas un raseur. Les sévérités les plus âpres passaient avec lui. La mimique, les gestes spirituellement comiques de ce petit bout d'homme glabre escamotaient la verdeur de ses philippiques à l'adresse des professionnelles qui « vendent le doux nom d'amour ». Pas possible de se fâcher, à commencer par une petite boulotte, que je vois encore, qui protesta, au milieu des rires : « Écoute, mon petit, nous ne sommes pas si chameau que cela. »

A peu près tous les mois, *Chapron* revenait souper, faisait son Desgenais avec un succès toujours grandissant mais platonique. Quand les soupeuses, sous le coup d'un béguin subit, lui sautaient au cou, il se dégageait, se levait, s'époussetait, prenait rapidement congé de nous et dans les derniers temps, montant à l'étage supérieur, c'était pour aller jouer quelques louis au tripot de la Maison d'Or, au-dessus de notre cabinet.

Le soir dont je parle, il m'a suffi de le regarder pour voir à son air qu'il allait m'annoncer quelque chose de grave. En effet, c'était son brusque départ pour la Martinique. Il en avait assez de Paris. Il se ferait inscrire au barreau, là-bas, plaiderait pour les nègres ou contre eux. On ne le verrait plus de longtemps. Sa voix sourde, ses phrases saccadées, me firent impression; je lui pris les mains, je lui demandai instamment : « Dis-moi tout. » Alors il s'épancha, se confessa. Depuis deux ans, il était avec une cocotte de deuxième ou troisième plan. Il avait été Monsieur. Cette femme, après lui avoir mangé deux cent mille francs, tout son bien, l'avait lâché, non pour un miché mais pour un greluchon, c'était la fin de tout.

Une fin dont on revient quelquefois, grâce à Dieu.

— Veux-tu voir un homme transformé? me dit deux ans après Chapron retour des Antilles : regarde-moi.

Et il parla après s'être excusé de n'avoir pu donner de ses nouvelles. Il avait, sous quels soleils! plaidé, écrit et, par suite, « oublié bien des choses ». Ce fut sa seule allusion au passé.

C'était un dimanche. Je l'emmenai voir le retour des courses de Longchamp au Cercle des Pannés. Son indifférence au passage des cocottes dans les victorias et les landaus découverts fut absolue. Il ne se rappelait que confusément les visages et les noms des dames de beauté qui avaient justifié son âpre éloquence dans les cabinets particuliers.

Me trompait-il? se trompait-il lui-même? Le lendemain, après déjeuner chez moi, je lui fis parcourir un album de Gavarni, *Les Lorettes vieillies*. Ses yeux s'arrêtèrent un instant sur la doyenne qui, dans un galetas, accroupie sur son oreiller, soupire : « Aujourd'hui sainte Madeleine! Autrefois, c'était ma fête! » — « Pauvre fille! » dit Chapron[1] en allumant sa cigarette.

*
* *

— Eh bien! et vous? me dira-t-on, peut-être, n'avez-vous pas été ébloui, vous aussi, par le prodigieux Prestige?

Ma réponse sera brève. Ébloui, oui, si vous voulez, mais non aveuglé. Sans doute ayant été de ceux que Musset influença très fort, quand

> Pour la première fois je sentis la douleur.

Je me suis assis aussi moi « dans la nuit de mon cœur » et seul, dans la rue le soir, j'ai levé des yeux ardents sur une fenêtre pour voir si « une lampe chérie » jetterait vers ma misère morale comme une

---

1. Quel dommage pour les lettres, que la vie à outrance qu'il avait menée pour oublier une femme (et quelle femme!) ait eu vite raison de sa trop frêle constitution! Il n'eut pas le temps de donner une suite à ses *Coins de Paris*, d'une observation si parisienne si étincelante et originale. Chapron « tenait » à merveille entre autres types le petit bourgeois parisien et particulièrement le boutiquier voltairien qui se dit tolérant mais pourvu que le clergé l'y aide. Il a fait dire à l'un d'eux parlant de son curé à la campagne :

« Je l'ai quelquefois à dîner. Il me boit ses deux bouteilles de vin et au dessert tapote les joues et les bras de ma bonne. Voyez-vous, beaucoup de calotins comme celui-là, ça ferait aimer la religion! »

étoile au ciel sa brillante clarté. Mais si je rentrais ensuite chez moi le cœur très gros, la durée de ma détresse ne dépassait guère la semaine. Pourquoi? Parce que j'avais été l'amoureux de passage, celui dont naturellement la femme oublie le plus vite, selon le mot de La Rochefoucauld, je crois, les faveurs qu'il a reçues d'elle et qui a bien le droit d'oublier à son tour le cœur et la fenêtre qui ne s'ouvrent plus pour lui. Et puis, que voulez-vous? étant né rue Le Pelletier la blague boulevardière, dès le premier éveil de la puberté, m'a mis en garde contre le ridicule qui s'attache au « jocrisse de l'amour ». Il y eut une pièce sous ce titre. J'ai vu trop d'existences de camarades charmants brisées par celles qu'on appelle des filles de joie, pour avoir, d'entrée de jeu, contesté la justesse du mot d'Henri Monnier devant lequel il était parlé des vingt-cinq louis exigés par Cora Pearl pour à peine une heure de son temps :

— C'est cher. Dans mon quartier, il y a de la très belle femme pour cent sous.

Enfin et surtout Chapron m'avait dit par cœur la pièce alors presque inconnue de Louis Bouilhet.

A UNE FEMME

Quoi, tu mentais vraiment quand tu disais : Je t'aime?
Quoi, tu raillais ainsi ! Pauvre fille ! A quoi bon ?
Tu ne me trompais pas, tu te trompais toi-même,
Pouvant avoir l'amour tu n'as que le pardon.

Garde-le large et franc comme fut ma tendresse,
Que par aucun regret ton cœur ne soit mordu.
Ce que j'aimais en toi c'était ma propre ivresse ;
Ce que j'aimais en toi, je ne l'ai pas perdu.

Ta lampe n'a brûlé qu'en empruntant ma flamme.
Comme le grand convive aux noces de Cana
Je changeais en vin pur les fadeurs de ton âme
Et ce fut un festin dont plus d'un s'étonna.

Tu n'as jamais été dans tes jours les plus rares
Qu'un banal instrument sous mon archet vainqueur,
Et comme l'air qui chante au bois creux des guitares
J'ai fait chanter mon rêve au vide de ton cœur.

S'il fut sublime ou doux, ce n'est pas ton affaire,
J'ai pu le dire au monde et ne pas te nommer.
Pour tirer du néant ta splendeur éphémère
Il m'a suffi de croire, il m'a suffi d'aimer.

Et maintenant, adieu ! Suis ton chemin, je passe ;
Poudre d'un blanc discret les rougeurs de ton front.
Le banquet est fini quand j'ai vidé ma tasse ;
S'il reste encor du vin, les laquais le boiront.

CHAPITRE XIV

LES DUELS

Mon premier duel avec Tom Pouce. — Après une rixe au Helder. — A Spa et la prison de Verviers. — Une après-midi à Compiègne.

Vers la fin du règne de Louis-Philippe, la Chambre des députés donna une matinée exclusivement consacrée aux représentants du pays et à leurs enfants, si petits qu'ils fussent. Une des attractions réservées à ces derniers était *To meet to*, comme disent les Anglais, c'est-à-dire de rencontrer un nain célèbre de l'autre côté du détroit, nommé Tom Pouce. Mon père, député d'Ille-et-Vilaine, m'amena à la présidence. Tom Pouce avait été hissé sur un billard, où je fus autorisé à le rejoindre. Le nain me toisant sans aménité, tout le sang de ma cinquième année ne fit qu'un tour. Je me ruai sur lui dès que l'insolent eut dressé vers moi une manière d'aiguille à tricoter qui lui servait d'épée. Nous perdîmes tous deux l'équilibre au bord d'une des bandes du billard. L'épée se brisa dans la bagarre.

Qui de nous deux eut le dessus? L'aveugle tendresse maternelle m'entretint tout le jour de « ma. victoire ». Dans mes souvenirs confus, je me vois plutôt revenant avec une joue- égratignée par l'aiguille à tricoter. Quoi qu'il en soit, ma provocation furibonde fut jugée sévèrement par ceux des députés présents dans la salle de billard qui, quelques années avant, avaient concédé déjà le vote humiliant de l'indemnité Pritchard à notre intermittente alliée.

On s'est battu beaucoup en duel sous le Second Empire, surtout à la fin. Les reprises des *Trois Mousquetaires* et de *Vingt ans après* mirent je ne sais combien de flamberges au vent car les duels au pistolet étaient assez rares : un en moyenne sur dix rencontres. J'aurai à y revenir bientôt. Très peu furent suivis de mort. L'innocuité de beaucoup inspira ce procès-verbal imaginaire d'avant combat : « Quatre balles seront échangées sans résultat. »

Bien entendu, il y eut toujours un résultat dans les duels à l'épée, — et encore! — mais aucun n'a été mortel, sauf celui où le duc de Gramont Caderousse tua le journaliste sportif Dillon. En tout cas pas un de ceux qui m'ont mené sur « le pré » comme combattant ou comme témoin n'a coûté des lettres de faire part à la famille. L'apostrophe ampoulée de J.-J. Rousseau : « Que veux-tu faire de ce sang? bête féroce, veux-tu le boire? » eut rarement son application. Du reste, dix-neuf affaires sur vingt auxquelles j'ai été mêlé n'avaient pour origine que des vétilles.

Si j'avais été alcoolique, il y a beau temps que mes petits-neveux et mes petites-nièces parleraient de moi au prétérit. Ma chance a voulu que mon estomac eut de vertueuses révoltes automatiques et que

j'aie a peu près suivi le sage précepte de Salerne :
Semel in mense ebriari, ne se griser qu'un jour par
mois. Malheureusement ce jour-là j'avais le vin
mauvais, et aussi le rhum et l'eau-de-vie et le
kummel des restaurants de nuit.

C'est ainsi que mon premier duel depuis Tom Pouce
fut la suite d'une rixe nocturne dans l'escalier du
Helder, après souper. Smith, mon adversaire, eut le
choix des armes à la suite d'une décision prise par un
arbitre que les quatre témoins désignèrent d'un commun accord, le marquis du Hallays-Coëtquen, père
d'une des femmes les plus charmantes du Second
Empire, la baronne de Poilly. Le marquis fit com-
paraître les adversaires, chacun de leur côté avec
leurs témoins, et nous imposa la tâche ardue, Smith
ayant été éméché lui aussi cette nuit-là, de recons-
tituer les deux versions. Dans ma pensée, j'étais
l'offensé, mon adversaire ayant le premier levé la
canne sur moi; mais, comme il n'avait touché que
le rebord de mon chapeau, tandis que j'avais riposté
par un coup de poing dans les gencives, je perdis
ma cause près du marquis. Deux balles furent
échangées sans autre résultat qu'un déjeuner entre
les combattants et les quatre témoins.

A deux mois de là dans le coupé de la diligence allant
de Rennes à Dinard, alors un petit trou pas cher, j'avais
à côté de moi un seul voyageur, d'une soixantaine
d'années, mais quel homme ! Du vif argent coulé dans
un tout petit corps mince. Après s'être colleté quelque peu avec le conducteur, il se tourne de mon
côté et, sans préambule, me demande si je fais des
armes. Sur ma réponse affirmative, il veut savoir le
nom de mon maître. N'ayant pas pris une leçon d'escrime depuis le lycée Louis-le-Grand, je cite mon
professeur d'alors, Lozès.

— Une ganache, décide d'un ton sec le petit vieux. Du reste, ajoute-il, tous les maîtres d'armes d'aujourd'hui sont des mazettes.

Pour ne pas fâcher ce friand de la lame, je me rabats sur le pistolet et je mentionne l'arbitrage du Hallays. A ce dernier nom, le petit vieux tortille sa moustache joyeusement :

— Du Hallays, charmant garçon! C'est mon cousin. Ce bon du Hallays! Nous ne nous sommes jamais quittés dans notre temps de jeunesse, excepté quand nous étions chacun dans des garnisons au diable vauvert... Mais on se retrouvait aux jours de permissions. C'est au foyer de l'Opéra que je lui ai dit : « As-tu remarqué, Gaston, que nous ne nous sommes jamais battus ensemble! » Il l'avait remarqué comme moi, ce brave du Hallays, tout de suite il me proposa de nous trouver le lendemain avec deux témoins chacun à la Porte Maillot, où il m'a flanqué une balle dans les reins ! J'en boite encore... Si vous croyez que je lui en veux!

Drôle de type! A Hédé, à mi-route entre Rennes et Saint-Malo, le conducteur qu'il avait secoué au départ, ne l'ayant pas aidé à descendre, il l'appela sale républicain, me serra la main, se nomma : « Marquis de l'Angle-Beaumanoir » et disparut clopin-clopant.

*
* *

Trois ou quatre ans après, devant la redoute de Spa, le soir des courses, après dîner, — était-ce l'influence du champagne ou du kummel? — un monsieur à barbe longue, assis à la terrasse du café de l'hôtel d'Orange, échangea sans cause avec moi des propos violents. Le lendemain, rencontre

au fleuret, car on n'avait pas trouvé d'épées à Spa...
Singulier combat! J'ai couru moins de danger,
ce matin-là, qu'en passant dans une rue où un
couvreur pourrait me tomber dessus du haut d'un
toit. Léon de Dorlodot, mon adversaire, ne bougea
pas d'une semelle. Avec un flegme remarquable
il balança son fleuret de gauche à droite sans
l'avancer pour s'arrêter au milieu qui était le
ventre de votre serviteur. A aucun moment de ma
vie je n'ai éprouvé plus pleinement le sentiment de
la sécurité. J'avais tout mon temps mais étant loin
de tirer comme Antonio de Ezpeleta et Féry d'Es-
cland, nos « as » d'alors à Paris, je mis dix bonnes
minutes à atteindre je ne sais plus quel métacarpe,
ce qui fit tomber le fleuret des mains inexpertes qui
le tenaient.

Matinée assez agréable, mais reste de journée
moins folâtre. La loi belge sévère pour le duel coffrait,
sans crier gare, les délinquants, s'ils ne pouvaient
fournir une caution garantissant qu'ils se présente-
ront au tribunal le jour où leur affaire viendra. Notre
caution était fixée à trois cents francs. Dorlodot paya
la sienne et alla probablement reprendre le soir
même son café à l'hôtel d'Orange, tandis que moi,
complètement décavé la veille au trente-et-quarante,
ne connaissant personne à Spa, sauf un Allemand,
mon hôtelier, Müller, auquel je devais une semaine
et qui avait déjà disposé de ma chambre, je fus happé
par deux gendarmes, dès ma rentrée à l'hôtel, lesquels
m'enjoignirent de les suivre à Verviers, la sous-
préfecture de Spa, où je fus tout de suite écroué
dans la prison.

A première vue, ma cellule m'a rappelé les affreux
arrêts de lycée pour son confort rudimentaire. Le
directeur, homme pressé, ne s'attarda pas aux char-

Un duel au Bois de Boulogne.
d'après un dessin de Victor ADAM

mes de ma conversation et me laissa seul avec le porte-clef, lequel, un bon gros, me demanda à brûle-pourpoint :

— Monsieur, au dîner, est-ce que tu mangeras l'ordinaire comme les autres?... Les détenus le trouvent bon. Il sera aussi assez bon pour toi l'ordinaire.

Quoique très excusable étant un enfant des Flandres, cet homme m'agaçait avec son tutoiement : je le « vouvoie » pour rétablir les distances.

— Avez-vous quelque chose de mieux que l'ordinaire, en y mettant le prix?

— En y mettant le prix, répète le geôlier ébahi, puis, avec une nuance de déférence.

— Est-ce que tu voudrais manger à la pistole par hasard!

— Ce qui veut dire?

— A trente sous le repas.

Je frémis, réfléchis, interroge :

— Il n'y aurait pas une pistole à quarante sous?

Stupeur de mon gardien à qui je dois faire l'effet du roi Léopold venu incognito se renseigner sur la prison de Verviers, mais qui une fois remis courut me chercher la pistole à quarante sous tellement ignoble que je me couchai sans manger.

Le lendemain, au cours de ma promenade dans les quelques mètres à ciel ouvert ayant nom préau, je fis la connaissance d'un lieutenant prussien, que le directeur de la prison m'identifia au préalable. Venu d'Aix-la-Chapelle, sa garnison, aux courses de Spa, ce guerrier s'étant saoulé à fond le matin au café de la Redoute avec du schiedam, avait fait scandale. Puis de nouveau dans les brindezingues après les courses, il se colleta avec les garçons, sauta par la fenêtre, heureusement pour lui au rez-de-chaussée, et poursuivi se jeta dans un grand bassin au bout de la ville. Cueilli au bord par deux gendarmes, il fait le bon apôtre, se donne pour repentant, flatte le « Pandore », en louant sa belle apparence de guerrier, admire les sabres belges, s'en fait prêter un par le plus gobe-mouche des deux hommes, effraye l'un et l'autre par un menaçant moulinet et prend sa course comme si le diable l'emportait. Il fallut toute la maréchaussée de Spa pour mettre la main au collet de ce forcené au moment où il allait gagner Malmédy, village alors prussien, aujourd'hui, grâce au roi Albert et au général Degoutte, redevenu belge :

Au préau, le lieutenant von X... me dit avec bonhomie, dans un argot parisien correct.

— Si nous nous cognons jamais avec vous, je regrette pour vous de vous dire que vous recevrez bientôt une pile. Et vous savez, aujourd'hui, je n'ai pas bu de schiedam.

Comme j'aimerais à savoir qu'il ait vécu jusqu'en 1918, ce camarade de ma prison de Verviers !

*
* *

L'hiver suivant, algarade chez Laborde. Ce professeur de danse dans ses salons de la rue de la Victoire enseignait dans la journée l'honnête polka, et le dimanche soir, le tumultueux cancan des bals publics. On payait le prix élevé alors de dix francs par personne pour l'entrée de son « dancing ». Un dimanche, — est-ce sous l'influence du bourgogne ou du champagne ? — une rixe à coups de poings avec Alfonso de Aldama décida un sergent de ville appelé par Laborde à me mettre la main au collet avant de me conduire sans égards au poste de la rue Drouot. (Et dire que j'ai écrit des articles — dont je ne me repens d'ailleurs pas — pour qu'on augmente la solde des « sergots » !)

Quelle horreur ce poste ! D'abord la salle d'entrée à peine éclairée, déjà puante, occupée par trois sergents de ville étendus sur un lit de camp. Le brigadier assis à une table. Interrogatoire sommaire. On me fouille, on me prend mon argent, mes clefs, mon canif et l'on me pousse dans une salle encore plus noire que celle d'entrée. Avec les yeux de la foi, je finis par y découvrir trois ou quatre têtes de co-détenus que j'aimais encore mieux voir là cette nuit que le lendemain au coin d'un bois. Une seule binette rassurante, ronde, paterne, celle d'une sorte de Colline de la *Vie de Bohême!* Était-ce un fumiste, un pochard, un convaincu? Mais ce personnage bizarre, de temps en temps, se levait de notre banc, frappait à la lucarne et, quand un sergent de ville paraissait, articulait avec politesse :

— Je voudrais avoir mon reçu.

— De quoi?

— De mon argent qu'on m'a pris en entrant.

C'était un sou argent.

Le lendemain, dans les bois de Saint-Cyr, j'eus la chance, — quel raccroc ! — de toucher au bras gauche Alfonso dix fois fort comme moi, mais le bras droit lui restait, le bon, qui lui servit d'abord à me larder fortement la cuisse gauche, puis à me colloquer au biceps de quoi me faire tomber l'épée des mains et conséquemment arrêter net le combat.

Une fois tous deux rhabillés, moi tant bien que mal, après les effusions ordinaires dans un assaut, mon vainqueur me serra, sur le terrain, la main qui me restait libre. Et de ce jour-là a daté une amitié à la façon des Trois Mousquetaires et dont un des premiers témoignages, l'année suivante, fut d'avoir mon adversaire de Saint-Cyr pour témoin contre un grand diable du nom de Feuilherade, long comme un jour sans pain, si bien que mon épée n'a jamais pu le joindre, tandis que la sienne me traversa un biceps de part en part.

*
* *

Pour en finir avec ma carrière combative, par un beau soir d'été je me trouvais devant Xavier Feuillant au bal des Canotiers de Bougival.

Fatalement Feuillant devait se prendre de bec avec un autre petit coq aussi prompt que lui à se crêter, Léon Chapron, mon « copain » de collège. A la suite d'une querelle avec Feuillant, qui très talon rouge avait répondu par la voix de ses témoins qu'on ne se battait pas en duel avec le fils d'un marchand de mouchoirs, même de la rue de la Paix. Dès que je sus ce propos, j'écumai. De quel droit, simple bourgeois après tout, si chic qu'il pût être à cheval, Feuillant établissait-il aussi arrogamment une hiérarchie dans le Tiers État?

Je brûlai de venger Chapron. Toute ma bande m'approuva, tant ceux qui avaient, comme un personnage de Charles de Bernard, six cents ans de roture prouvée, que d'autres qui, pour employer l'expression, stupide, de feu le général André, portaient des noms à courant d'air.

Or un soir, au bal des Canotiers, — était-ce simplement la faute d'un vulgaire reginglard, — d'une voix qui couvrait les crincrins de l'orchestre, debout dans un groupe, j'éreintai Feuillant copieusement. Je

me retourne, il est devant moi. Très calme, il me
jette :

— Vous aurez de mes nouvelles, Monsieur!

Le lendemain, dans une plaine que longe un coin
de forêt de Compiègne, les témoins nous placent.
Je relève le collet de la redingote classique et
j'attends le pistolet qui va m'être mis dans la main.

Maintenant, veuillez me suivre avec quelque attention dans des détails techniques que je vous ai
épargnés sur mes autres rencontres, et qui peuvent
être médités, au cas, qui n'a malheureusement rien
d'invraisemblable, où de nouvelles rencontres au
pistolet braveraient les lois contre le duel en
général.

Nous sommes à la distance relativement bénigne
de trente pas. Conformément à la formule du commandement : « Etes-vous prêts? » le témoin qui
dirigeait le combat, sur la réponse « Oui », prononce distinctement, mais assez vite, seconde par
seconde, une, deux, trois. Passé trois, on n'avait
plus le droit de faire usage de son arme.

Ayant tiré tout de suite après un, j'avais le
temps de voir que je n'étais pas touché, de
ramener le pistolet à mon visage pour le protéger,
si peu que ce fût et aussi de me dire :

— Je vais constater s'il est vrai comme on l'af-
firme couramment que, dans les grandes émotions,
les minutes semblent des siècles.

Et je compte.

Or c'est bien près d'une demi-minute que Feuillant m'ajusta. En tout cas il tira après le coup
de trois, qui me jeta sur le sol, les quatre fers
en l'air.

Au premier moment je crus à une traîtrise et
refusai de prendre la main qui m'était tendue, en

protestant : « Vous avez tiré après le commandement. » La vérité, établie par les témoins, est qu'il n'avait pas entendu le commandement, le bruit de détonation produit par ma balle ayant couvert la voix du directeur du combat.

Conclusion : Absurde déjà au visé, le duel au pistolet l'est dix fois plus au commandement.

Par la suite, Feuillant ne me garda pas rancune de m'avoir à moitié tué en dehors des règles. Pendant les cinq mois que je fus cloué au lit, il envoya prendre de mes nouvelles tous les deux jours. Quand je pus me lever, il me fit parvenir l'adresse d'un fabricant de béquilles hors ligne à l'entendre et son attendrissement quand il parlait de moi finit par me gagner. Deux ans après je lui servais de témoin, comme je vous le conterai tout à l'heure.

CHAPITRE XV

LES TÉMOINS

Les occasions où je me suis félicité de n'être pas témoin. —
Le duel dans le peuple. — Feuillant et son Mexicain. — Les
médecins de duels.

Pour un jeune oisif agité et ami des palabres,
le rôle de témoin offrait un emploi de temps apprécié. D'aucuns y ont apporté une rare conscience
dans l'exercice d'un mandat souvent légèrement
conféré.

Tel Henri M..., au demeurant le plus pacifique
des hommes pour son compte. Alexandre Dumas
a dit : « Les affaires, c'est l'argent des autres. »
C'est le sang des autres que pesait au comptegoutte Henri M... avec une régularité de bureaucrate. Il prenait tellement sa mission au sérieux
qu'à sa mort, due à un chaud et froid pris dans
un duel où il assistait, par un temps pluvieux,
un camarade, on trouva chez lui des cartes de
visite portant : « Henri M..., premier témoin ».

Cette conscience s'expliquait par le labeur exigeant de la mission. Il fallait ramasser les consultations éparses formant ce qu'on appelle le code du duel dont tout le monde parlait et qui n'a jamais paru. A son défaut, le devoir s'imposait de consulter les gens d'expérience. Et n'allez pas croire que les avis de ces oracles fussent, comme on dit, pertinents et admissibles pour les profanes. Telle école, par exemple, autorisait le repos à la demande de l'un des combattants. Telle autre proscrivait ces haltes, jugeant qu'elles faisaient la part trop belle aux asthmatiques et qu'après tout on se bat avec son souffle comme avec son épée. Ceux-ci permettaient l'interposition d'une canne dans les corps à corps ou en cas de faux-pas. Ceux-là étaient, au contraire, partisans du laissez-faire, laissez-passer, fût-ce dans la direction d'une poitrine ou d'un abdomen. Les uns faisaient replacer à leur distance les combattants acculés à un mur. Les autres ne se reconnaissaient pas ce droit. Pour eux, l'acculé n'avait qu'à ne pas rompre. Bref, avec la somme d'efforts qu'un cerveau se donnait pour se débrouiller dans ces contradictions, plus d'un témoin aurait pu honorablement conquérir un diplôme de docteur en droit ou en médecine.

Je ne regrette du reste pas d'avoir accepté cet ennui pendant je ne sais combien de lustres, car j'ai arrangé dix fois plus d'affaires que je n'en ai menées sur le terrain.

Un de mes trucs pour éviter une rencontre, et que je me permets de recommander encore aujourd'hui, consistait à substituer dans le procès-verbal les témoins aux adversaires par l'emploi de cette formule : « Les soussignés, après avoir pris connaissance du différend, etc., estiment qu'il n'y a pas lieu à réparation ». Les témoins devenaient ainsi en quelque sorte seuls responsables. Les adversaires ne pouvaient s'offusquer de cette rédaction sans les désavouer, ce qui ne se fait guère. Et c'était une économie de charpie pour tout le monde.

*
* *

Pour évincer le Cadoudal que vous connaissez, j'ai employé la manière douce.

Henri de Cadoudal, descendant du grand Chouan, était un type dans le genre de Choquard. Connaissez-vous l'histoire de Choquard? Si vous dites oui, je vous la raconterai tout de même. Elle en vaut, je crois, la peine.

Choquard, garde au corps de Charles **X**, cassé aux gages en 1830, royaliste forcené, avise un jour chez Tortoni un bon gros bourgeois lisant *Le Constitutionnel,* organe libéral. Le garde du corps fronce le sourcil, demande au garçon :

— Donnez-moi *Le Constitutionnel.*

Le garçon répond que le journal est en mains, indique le gros monsieur à Choquard. D'où ce dialogue entre Choquard et le gros monsieur :

Choquard. — Passez-moi votre journal.

Le gros monsieur. — Quand je l'aurai terminé, ce sera avec plaisir.

Choquard. — Tout de suite et que ça ne traîne pas !

Le gros monsieur. — Mille regrets, mais...

Il n'achève pas. Choquard bondit sur lui et le gifle et le lendemain reçoit un coup d'épée qui le cloue trois mois au lit. A peine guéri, il reparaît chez Tortoni où, retrouvant le gros monsieur, il grommelle entre ses dents : « L'animal ! Il lit encore

Le Constitutionnel après la leçon que je lui ai donnée ! »

Henri de Cadoudal et Choquard avaient plusieurs traits communs. Ils étaient royalistes, braves, mauvais coucheurs et déplorables tireurs à l'épée. Quand Cadoudal se querellait au café du Helder, incident au moins hebdomadaire, il relançait comme témoin tel ou tel de notre bande, et, attendu qu'il était toujours dans son tort, chacun s'ingéniait de son mieux pour lui filer entre les doigts.

Le marquis de Rougé, éveillé une nuit en sursaut, va ouvrir. Cadoudal se dresse devant lui et, dès l'antichambre, lui crie :

— Je me bats ce matin. Tu seras mon témoin !

Rougé qu'on ne prenait pas sans vert, invoque une bronchite qui le cloue au lit et court se recoucher. Cadoudal le suit, insiste :

— On vient d'insulter ton roi au Helder.

Le roi était le comte de Chambord.

Malheureusement, Rougé changeait d'opinion politique tous les mois. Il répondit avec autorité :

— Qu'on ne me parle pas du roi pour l'instant. Depuis hier je suis socialiste collectiviste.

Cadoudal poussa un cri d'horreur et prit la porte.

Ce n'est pas la politique que Cadoudal invoqua pour m'attendrir ; il fit appel à mon impartialité :

— Tu vas voir de quel côté sont les torts.

Et il expose :

— J'étais au Casino Cadet. Gustave Fould me bouscule ou c'est moi qui le bouscule, ça n'a pas d'importance. Je lui dis : « Vous pourriez bien faire attention. » Il me dit : « Qu'est-ce que vous... vous... vous... » Je lui dis : « Accouchez, nom de Dieu ! » Il me dit : « Je... je... ».

J'arrête Cadoudal !

— Permets, mon vieux! Gustave Fould ne peut
pas accoucher, ni parler vite. Tu sais bien qu'il est
bègue.

Cadoudal éclate :

— Quand on est bègue, on ne va pas au Casino
Cadet!

— C'est possible. Mais tu m'excuseras de ne pas
te servir de témoin. Je pars demain me battre à
Mostaganem.

Cet alibi me priva d'aller au Helder pendant
quinze jours. Dans l'intervalle, Cadoudal avait trouvé
deux témoins, peut-être dans les démolitions et
portait le bras en écharpe. Gai comme pinson il me
cria à travers sa table : « Cet ani... ani... ani... mal
de Foul... Fould m'a flan... flan... qué un coup d'épée
dans l'é... l'é... l'épaule gauche. »

*
* *

Une autre fois je passai comme témoin par de
rudes transes.

A la suite d'une querelle qu'il avait eue aux Variétés, Heeckeren me déclare, en sortant de ce
théâtre, qu'il entend se battre aux conditions fixées
par les témoins de l'adversaire, le comte Dolgorouki,
quelque dures qu'elles pussent être. Ayant frappé,
il est prêt à subir ces conditions. Je serai un de ses
témoins.

Ceux du comte Dolgorouski conviennent avec nous
qu'ils seront chez Bignon à minuit.

Très impressionné, ainsi que mon co-témoin,
Alfonso, nous entrons dans le cabinet de chez Bignon,
où nous rejoignent bientôt les deux seconds du
russe, le colonel Joltukine et le comte Selowoski...

Avec sa voix chantante de Slave, Joltukine, après un profond salut, parle :

— Acceptez-vous, en principe, Messieurs, au nom du baron de Heeckeren, le duel tel qu'il se pratique chez nous?

Réponse :

— Oui.

— Veuillez alors faire venir tout ce qu'il faut pour écrire.

Cela fait, je prends la plume et le colonel me dicte lentement :

— La rencontre aura lieu au pistolet de tir. Les adversaires seront placés à quinze pas l'un de l'autre. Ils auront le droit de faire chacun cinq pas et de tirer jusqu'à ce que l'un d'eux soit par terre, ou tous les deux. Si l'un d'eux n'a pas déchargé son pistolet, il peut faire ses cinq pas en rampant et tirer après avoir visé.

Quel serrement de cœur tout le temps que je tenais la plume! Je ne me rappelle pas une occasion de ma vie où j'aie eu à me maîtriser autant. Je me reprochais d'avoir engagé ma parole d'honneur d'accepter ce duel sauvage. D'autre part, il me semblait lire dans les yeux des Russes l'espoir qu'Alfonso et moi nous déclinerions un mandat monstrueux, ce qui leur permettrait d'insinuer auprès de leurs compatriotes qu'Heeckeren avait flanché. Ils n'eurent pas cette satisfaction.

— Parfait, nous dit notre client quand nous lui eûmes remis le procès-verbal revêtu des quatre signatures. Allons-y!

Il y alla. Mais sans moi. Je n'aurais jamais eu le courage de l'accompagner et me fis remplacer. Mais je comptai les minutes tout le temps qu'il fallut pour la rencontre qui eut lieu dans le Grand-Duché

de Luxembourg. Deux jours pour l'aller et le retour.
Par quelles transes j'ai passé ! J'avais une peur
bleue qu'Heeckeren ne tirât en l'air, ce qui était
sa mort certaine, puisque l'adversaire pouvait le
canarder à volonté, et mon ami n'avait pas la poitrine étroite ! Laissé à lui-même, il eût peut-être eu
ce geste. Heureusement, après moi, Alfonso et
Feuillant, mon remplaçant, le chapitrèrent.

Or, voici le procès-verbal rigoureux de la rencontre. Dolgorouki fait ses cinq pas, tire et manque.
Mon ami dédaigne l'avance à laquelle il a droit,
vise l'épaule, cible moins dangereuse pour le visé
que la poitrine ou le ventre. Dolgorouki atteint
chancelle, tombe. Les conditions sont remplies. Il
en fut quitte pour six mois de lit. Je serais tenté
de dire : quel veinard! si à peine guéri il ne
s'était fait remercier au cercle de la rue Royale,
ayant été affiché à la suite d'une forte culotte au
baccara.

Un duel étrange.

Mon ami Léon Chapron entre un après-midi chez
moi, bouleversé. Il me crie haletant :

— Tu sais que j'étais témoin de Z... contre Fusil-
lerade. Il est tué... Ne le plains pas, c'était un misérable.

Affalé sur une chaise, il donne d'une voix entre-
coupée, des détails :

— Z. portait une cuirasse, tu entends!... Elle lui
protégeait le bas-ventre... A peu près sûr de pouvoir charger sans grand danger, il a foncé sur son
adversaire qui a tendu la broche. L'épée est entrée
à un centimètre au-dessus du bas-ventre. Nous
l'avons bien vu, témoins et médecins... Je n'ai pas

eu le courage d'aider les autres à le rhabiller tant bien que mal pour le transporter chez lui... Je t'en prie, rends-moi un service. Une fois les adversaires en manches de chemises, on m'a proposé de les tâter de bas en haut, comme cela se fait quelquefois. J'ai décliné cette offre comme outrageante pour les combattants. Étant parti comme un fou, je n'ai pas eu le temps de demander pardon aux témoins... Je t'en supplie, va leur dire de ma part quelle honte j'éprouve de ne pas les avoir écoutés.

Resté seul, avant de m'acquitter de cette délicate mission, je me frappe le front et me rappelle qu'il y a un an ou deux, j'avais servi de témoin à Z... dans un duel contre le marquis de Modène. Z... avait eu tous les torts, mais je n'avais pas cru pouvoir lui refuser mon assistance car témoin dans mon duel avec Feuillant, il m'avait ramassé, porté à l'hôtel et soigné pendant quinze jours. Mais je devais bien à M. de Modène les plus sincères excuses et je lui écrivis. M. de Modène me remercia de ma démarche et il ajouta plus tard simplement :

— J'ai maintenant la quasi-certitude d'avoir porté un coup qui a dû atteindre en pleine poitrine. J'ai pu croire à ce moment-là à l'explication connue que les côtes sont une cuirasse naturelle. Il pensait que je m'étais trompé. Ne m'en demandez pas davantage.

Tout le boulevard s'émut de cette incroyable tragédie. Mais le cas de Z... ne fut pas difficile à psychologuer. Une gloriole stupide avait été le mobile de sa traîtrise. Il était littéralement malheureux de ne pas voir son nom cité le premier dans la nomenclature des combats singuliers mentionnés par les journaux depuis quelques années. Pour conquérir ce baroque privilège presque à coup

sûr, il a triché sur le terrain avec une épée comme
on triche sur le tapis vert avec des cartes.

Le duel dans le peuple.

Dans une salle commune de restaurant, Chapron
s'étant pris de bec avec un quidam (je n'ai jamais
su lequel des deux avait eu les premiers torts),
qui lui octroya un fort coup de poing sur la figure,
vint me demander le lendemain d'être son second.

— J'ai eu un peu de peine à obtenir la carte du
drôle, me dit-il, une fois son grief exposé. Il ne s'y
est décidé qu'après les murmures improbatifs
répétés de la salle. Maintenant que c'est fait,
j'espère qu'il va marcher rondement... Ce que je
regrette pour toi et pour mon autre témoin, — c'est
que le particulier m'a l'air de demeurer au bout
du monde.

En effet, la carte, au-dessous du nom de Louis
Bernu, portait l'adresse de je ne sais plus quelle
chaussée Clignancourt ou d'une quelconque avenue
d'Italie.

Arrivés — à bout d'haleine de cheval de fiacre —
à l'endroit indiqué, le co-témoin et moi, nous nous
trouvons devant une maison lépreuse et sans
concierge. Nous gravissons à l'aventure un escalier
noir, escarpé, visqueux. Sur un palier du second
étage, un gamin nous croise...

— Eh, mon petit, où demeure M. Bernu?

— Connais pas.

— Qui est-ce qui peut nous renseigner?

— Allez voir ici.

Ici c'était une porte que nous n'avions qu'à
pousser. Dans une pièce où nous pénétrons, quatre
ou cinq ouvriers, en manches de chemise, travaillent

à la confection de chapeaux d'hommes de tout genre, pour la journée, la soirée : claques, melons, etc. Mon haut de forme à la main, avec la courtoisie professionnelle de parfait témoin, je demande :

— Monsieur Bernu, s'il vous plaît?

Notre entrée sur la pointe des pieds avait passé inaperçue. C'est seulement au son de nos voix que les têtes, courbées sur le couvre-chef en préparation, se dressèrent. Et alors un sourire courut sur toutes les lèvres, quand les yeux de l'équipe entière se tournèrent vers un jeune homme effaré, insuffisamment dissimulé derrière le dos d'un camarade, qui se déplaçait malicieusement exprès, pour laisser l'atelier se payer une pinte de bon sang, une fois que nous eûmes annoncé notre mission.

— Eh, Bernu! V'là c' que c'est que de souper sur les grands boulevards!... Avance donc, Bernu... Va te faire saigner la peau par les bourgeois, mon vieux Bernu!

Bernu se décida à donner signe de vie. Il releva un peu la tête, nous regarda, mon camarade et moi, d'un œil penaud et sournois, puis, brusquement, le chef tout à fait redressé, fit quelques pas vers nous comme un homme ayant pris une résolution, ne la prit pas, s'arrêta, troublé de nouveau, et piteux, laissa tomber très bas cette excuse après quoi nous n'avions qu'à gagner la porte.

— J'étais poivrot.

*
* *

A la même époque, Feuillant vint me trouver un matin, très ému, d'avoir à me demander de l'assister,

encouragé comme Cadoudal, tout à l'heure, par
la certitude à ses yeux que son affaire était plus
que limpide. Ayant appris qu'un Mexicain avait jeté
les yeux sur une femme à qui il voulait du bien, il
lui avait crié la veille chez Bignon : « Vous êtes
un misérable. »

Et, comme il avait appris un peu de géographie
avant de faire cet éclat :

« Vous prendrez, avait-il hurlé, le train du Havre
ce soir pour la Vera-Cruz! »

C'était le bannissement.

— Je vous en supplie, ajouta Feuillant avec des
trémolos attendris dans la voix, soyez mon témoin
ou je croirai que vous m'en voulez de Compiègne.

C'était la carte forcée pour le chevaleresque
d'Artagnan que je me flattais d'être.

A six heures du matin, par un froid de canard,
Alfonso, qui est venu me prendre dans un landau
de louage, et moi, déballons chez notre client, rue
Royale. Nous montons les deux étages, sonnons,
carillonnons. Personne ne vient ouvrir. Alfonso
s'indigne, s'échauffe, défonce à moitié la porte à
coups de pied accompagnés de cris et de jurons
à réveiller toute la rue Royale et le curé de la
Madeleine... Enfin des pas d'homme font craquer
le parquet de l'appartement. La porte s'ouvre, Feuillant en chemise après avoir passé ses deux mains
sur ses yeux embroussaillés de sommeil, nous demande :

— Qu'est-ce que vous f... là?

Alfonso ravale un juron espagnol, et il y en a
dans la langue du Cid! et me laisse parler. Je
rappelle à Feuillant qu'il a un duel pour ce matin
même et que ce n'est guère correct de faire droguer
le Mexicain et ses amis qui ont l'air très bien.

Feuillant reprend à moitié ses esprits pour expliquer son retard :

— C'est la faute à Édouard (Édouard, c'est son domestique, un nègre) qui devait me réveiller. Il est des pays chauds. Par ces temps de chien comme il en fait depuis huit jours, je lui ai permis de prendre mon bois pour chauffer sa chambre du sixième... Il sera tombé dans le feu.

Alfonso intervient péremptoire.

— Attends un peu, je vais le secouer dans sa chambre, ton moricaud !

— Ne monte pas le réveiller. Ça le froisserait et je tiens à le garder, je n'ai jamais eu un valet de chambre si dévoué et si respectueux.

L'éloge d'Édouard se continue en litanies pendant que son maître s'habille. Tout en grognant, Alfonso aide celui-ci à passer sa pelisse. Nous voici dans la rue devant le landau. Feuillant s'arrête brusquement en dévisageant le cocher.

— Qu'est-ce que tu as encore ? bougonne Alfonso.

Feuillant déclare :

— Cet homme est mon ennemi. Je l'ai connu aux chasseurs d'Afrique. Nous nous sommes flanqué des coups tout le temps, même les jours de sortie. Je ne monte pas dans sa sale guimbarde.

Alfonso rugit, saute sur les épées enroulées dans la capote du landau, les dégage de leur fourreau de serge verte, en saisit une, donne l'autre à Feuillant, et crie :

— En garde !

Cela se gâtait si fort que j'en eus assez de mon rôle effacé. D'un bond je saute dans le landau, d'où je jette à l'ennemi de Feuillant mon adresse, 16, rue Moncey !

Les deux toqués prêts à ferrailler entendent,

lèvent la tête, voient le fouet levé à ma demande, comprennent. Triple éclat de rire... Les épées remises dans le fourreau, en route pour La Celle-Saint-Cloud !

Trajet sans incident, à part un léger accrochage d'une voiture de maraîchers au tournant de la place de l'Étoile, qui fit jeter à Feuillant un bref : « Cette canaille l'a fait exprès », auquel le cocher qui avait entendu se borna à opposer un dos dédaigneux. Pendant qu'Alfonso, excellente épée, je crois vous l'avoir dit, faisait à notre client ses dernières recommandations :

— Tu tires comme un pied. Si tu charges le nez en avant, tu es sûr d'écoper.

— Suis calme, répondit Feuillant en haussant les épaules.

Je vous passe les phases d'une rencontre qui procura à Alfonso comme à moi, l'humiliation de passer pour des blagueurs, quand nous en fîmes le récit absolument sincère. Feuillant « écopa » successivement de sept coups d'épée dans la figure. Vous entendez : sept. Deux sur les joues, un sur le menton, les quatre autres encadrant chacun des deux yeux. Comme la dernière piqure ne permettait plus au blessé d'y voir clair, le combat cessa et notre procès-verbal déclara les deux honneurs satisfaits.

Les deux honneurs ne furent pas seuls à se réjouir. Pendant que nous nous occupions à panser de notre mieux le visage de Feuillant, entaille par entaille, je relevai un moment la tête dans la direction de notre landau. Il ne m'échappa pas que notre cocher, debout sur son siège, suivait de l'œil les phases du combat désavantageux pour son ancien camarade, avec une jubilation où il y avait de l'extase.

Épilogue. Le lendemain, Heeckeren étant allé

prendre des nouvelles du duel, apprit par Édouard que « Monsieur était chez son médecin » et demanda au valet respectueux le résultat de la rencontre. Édouard, la figure épanouie d'aise, tapant chaque fois sur sa cuisse, renseigna :

— Sept dans la gueule, Monsieur le baron !

Le landau de duel. — Le médecin.

Le duel offrait l'inconvénient d'être un sport assez cher. Je ne cite que pour mémoire le déjeuner de la réconciliation, mais le landau de combat coûtait gros, et d'autres rabiots aidant on avait vite fait de vider les trois bourses d'or de cet imbécile de Rolla. Aux fins de mois surtout, l'idée de pratiquer de sages économies prévalut chez les plus prodigues. Nous inclinions nos choix vers les terrains plus à portée de nos bourses que même l'île de Croissy. Paris devint alors un champ clos comme au temps du Pré-aux-Clercs : on économisa le landau et l'on se battit à deux pas de chez soi. Aurélien Scholl prêtait régulièrement son jardin de la rue de Clichy. J'y ai assisté Alfonso de Aldama croisant le fer contre Rembilenski, un Polonais très brave qu'il blessa mais que Scholl amusa tellement par ses blagues pendant le pansement que, quand il fut guéri, il voulut à toute force l'emmener pour toujours dans ses terres de Galicie.

J'allais oublier notre dépense la plus lourde, les honoraires d'un médecin célèbre ayant le droit de faire payer son expérience technique assez compliquée, et l'autorité qu'il faut, en cas de blessure grave, pour délivrer un rassurant : « Vous n'en avez pas pour plus de huit jours de lit. » Aussi nous doutant de ce qu'auraient demandé Velpeau ou

Trousseau pour nous accompagner dans l'île de Croissy, nous nous rabattions sur des praticiens moins qualifiés.

Dans un duel où j'étais témoin, mon client reçoit une blessure. Le sang coulait, coulait. Où diable est le médecin? Invisible. Je finis par le découvrir derrière un arbre, tremblant de tous ses membres. A ma vue, il s'évanouit dans mes bras. Je lui donnai mes soins avec les quatre témoins, ce qui aggrava son cas.

Nous prenions quelquefois un docteur — l'était-il? — qui passait ses nuits jusqu'à l'aube au tripot et dormait sur le canapé. On le réveillait, on le poussait tout somnolent encore dans le landau. Coût cinq louis, que le malheureux allait perdre le soir suivant au cercle, avant de regagner son canapé.

Par bonheur, la crème des médecins se rencontra pour nous·tirer définitivement de peine. Il s'appelait, l'Etendart. C'était mon labadens de Louis-le-Grand. Ses trente mille livres de rentes lui permettaient d'attendre patiemment une clientèle payante. La nôtre le jeta hors de son lit au moins une fois par semaine à des heures et par des temps impossibles. A peine si de sa bonne figure joufflue et souriante tombait de temps en temps un : « Vous ne serez donc jamais raisonnables! » — Il est mort fou, encore jeune. Bien entendu, l'Etendart ne vit jamais la couleur d'un honoraire. C'est tout juste si nous ne lui avons pas fait payer sa part du landau. Pourtant ses bons offices lui rapportèrent l'avantage d'être connu des journaux. Un code humoristique du duel publié dans je ne sais plus quelle feuille boulevardière, se terminait par cet avis précieux :

« En cas de contestation, on pourra tirer sur le docteur l'Etendart. »

CHAPITRE XVI

LES ÉCRIVAINS

LES ROMANCIERS QUE J'AI CONNUS

Barbey d'Aurevilly.

Celui-là, je l'ai connu non dans un café, où sa superbe eût été mal à l'aise, mais au *Courrier du Dimanche*, journal hebdomadaire, où j'allais flâner quelquefois. Cette feuille d'opposition éclectique était commanditée par trois orléanistes militants (dans la mesure où ces deux termes s'accordent) : Lambert-Sainte-Croix, Firino, Feuilhade-Chauvin. Le directeur, Ganesco, s'affirmait républicain, quitte, lorsque son journal risquait d'être poursuivi pour des articles factieux, à expliquer devant les ministres : « Si je suis républicain, c'est pour mon pays, la Valachie. »

Barbey d'Aurevilly, plutôt bonapartiste, mais d'extrême droite et très catholique, s'entendait au

Courrier du Dimanche avec Ranc, radical d'extrême gauche, d'autant plus facilement qu'ils n'étaient pas engagés pour écrire sur la politique. Le premier jugeait les livres, le second les pièces, sans du reste se trouver davantage d'accord sur le terrain purement littéraire. Barbey, fougueux romantique, prenait figure de révolutionnaire, en littérature, en face de Ranc, classique intransigeant, donc conservateur. A part cela, dans les causettes de la salle de rédaction, c'étaient les meilleurs camarades du monde.

Je sortais souvent du *Courrier du Dimanche* avec Barbey d'Aurevilly pour jouir de lui quelques instants de plus, mais de préférence c'était à la tombée de la nuit. Car, en plein jour, il était bien voyant et je devais prendre ma part des oh! oh! des ah! ah! car les passants s'ébahissaient de sa façon de s'habiller qui fit connaître son nom par ses contemporains beaucoup plus que la *Vieille Maîtresse* et les *Diaboliques*. Ce qui s'explique. Allez voir par curiosité la tenue de ville qu'il choisit pour le portrait de lui qui est au Luxembourg, la redingote strictement serrée à la taille et surmontée d'un col rabattu d'où s'échappent les flots d'une cravate large et molle. La toilette du soir était encore plus étudiée et compliquée. Un soir qu'il me fit le plaisir et l'honneur de s'asseoir à ma table, il avait l'habit à la française, orné de brandebourgs, rappelant celui du « major Édouard » dans l'opérette *La Vie Parisienne* : gilet de moire bleu de ciel, assez décolleté pour montrer mieux qu'un aperçu de chemisette en batiste, avec jabot de dentelle, la cravate également en dentelle retenue par une étoile en argent. Pantalon de casimir blanc avec large galon d'or sur le côté. Souliers ornés de boucles en simili.

« Avec tout cela, il a du cachet », dirent unanimement les convives des deux sexes, quand, après avoir baisé la main des dames, il se redressa de toute sa fière cambrure de sexagénaire qui ne s'avouera jamais bourreau honoraire des cœurs féminins.

J'allais oublier le travail qu'il opérait sur sa figure. Au dîner dont je parle, une dame ayant inconsidérément parlé de « teinture » et jeté par là un certain froid, Barbey n'accusant pas le coup prononça simplement :

« Madame, je ne me teins pas, je me peins. »

Ce soir-là, il avait dû se croire Rembrandt.

Pour sûr, un tel homme aura oublié qu'il avait payé les diamants de sa chemise ce qu'ils valaient, soit le prix du strass. Où est le mal? Il eut foi dans la bonté de Dieu, dans l'avenir de la France, dans le vrai, le beau, le bien. On a pu le blaguer, non le plaindre. Il est mort heureux.

... C'est beaucoup de temps après le Second Empire que j'ai vu de près le mobilier dont parle Anatole France. Barbey demeurait dans une très petite rue dont peu de cochers ont su le nom, Rousselet. J'étais avec Paul Bourget qu'il aimait fort et qui le lui rendait bien, dans la pièce principale de l'appartement formant salon et cabinet de travail à la fois. Le long des murailles, à peine recrépies, s'accrochaient des flacons d'encre de couleurs variées retenus par des ficelles tombant du plafond. Il ne me semble pas avoir aperçu de rideaux aux fenêtres. En somme, j'ai pu me croire plutôt dans une cellule de moine moyenâgeux ou dans une salle d'arrêt de collège. Barbey transfigurait ce taudis pour lui-même et, par contagion, pour d'autres. Il se croyait sincèrement propriétaire ou à tout le moins locataire du palais d'Aladin.

Cliché Neurdein

BARBEY D'AUREVILLY
d'après le tableau de LÉVY

Henri Murger.

J'ai dîné avec Henri Murger chez Dinochau, marchand de vin, et restaurateur des lettres, qui faisait le coin de la rue des Martyrs et de la rue de Navarin, invité par un oncle à moi, paysagiste, ainsi que quelques artistes, dont deux noms me restent dans la mémoire : Bida et Harpignies, qui furent mes deux voisins de table.

Mais je n'avais d'yeux et d'oreilles que pour Murger, placé juste en face de moi. Ce que je fus bon public pour les blagues dont il émailla le dîner ! Dieu sait pourtant qu'il n'avait pas le physique de l'emploi d'amuseur comme Eugène Chavette, par exemple, dont la seule rotondité mettait en joie avant même qu'il ouvrît la bouche. C'étaient des lèvres émaciées par une implacable maladie qui dégoisèrent des cocasseries dont se pâmèrent les dîneurs. Ont-elles vieilli ? Possible, mais qu'il était donc drôle, ce forcené citadin asticotant sur la belle nature Harpignies, qui, en sa qualité de paysagiste, était assez excusable d'en dire du bien. Feignant de l'approuver, Murger prit un air rêveur et, comme en se parlant à lui-même :

« Cela doit être, observa-t-il, reposant pour l'esprit et le corps, quand on a travaillé toute la journée son champ, de revenir le soir chez soi avec sa charrue sur l'épaule. »

C'était méritoire à Murger de faire rire des convives, comme aussi des lecteurs. Par mon oncle, je savais qu'il avait le droit de broyer du noir ayant eu la vie très dure. Fils d'un concierge, qui faisait des réparations, — que l'Allemagne d'aujourd'hui ne l'imite-t-elle pas ! — féru de l'idée d'avoir sa plume pour gagne-pain, il trima longtemps avant de toucher soixante-quinze francs par mois comme rédacteur du *Journal de la Chapellerie*. Il s'estima encore heureux de gagner à peu près aussi peu comme secrétaire du comte Tolstoï. Ajouterai-je qu'il n'avait pas le travail facile, car c'était un consciencieux, et son fameux mot : « Il y a des années où l'on n'est pas en train », ne fut pas seulement une boutade. Du reste, il ne plaisanta pas la bohème quand, sorti d'elle trop tard, il en dépeignit les misères dans la préface d'une des éditions du livre qui le fit célèbre. Il y montre à travers les âges jeunes écrivains et artistes, cherchant, suivant l'expression de Balzac, « la pâtée et le nicher » et les trouvant si peu ! Villon écrit ses ballades « au coin de la borne et sous la gouttière », et

La faim mit au tombeau Malfilâtre ignoré.

Sous le règne de Louis-Philippe, qui finit avec les vingt-six ans de Murger, la pâtée et le nicher ne sont guère mieux assurés. « Deux gouffres s'offrent à la bohème, la misère et le doute. » Plus d'un en meurt d'épuisement, ou, comme le poète Escousse, allume un réchaud. Murger alluma sa pipe et s'accommoda de la vie dure. Parfois même, il lui trouve du charme. C'était un optimiste. Sa pauvreté n'a jamais haï personne, pas même le « proprio ». Pas davantage montré le poing aux puissants de la politique. Sait-il d'ailleurs leurs noms ? N'a-t-il pas son concierge pour lui dire quotidiennement, le matin, le temps qu'il fait dans la rue, et si Louis-Philippe est toujours roi des Français ? De là son acceptation sans contrôle des « trois balançoires », comme parla un magistrat, selon le cœur de Combes, famille, religion, propriété.

Jamais il ne souffrit du péché d'envie. Ce fut le résigné souriant à l'impécuniosité d'abord (la banque émet de nouveaux billets : « On dit qu'ils sont bleus », écrit-il à un journal), au succès de ses confrères ensuite. Au dîner dont je fus, les artistes lancèrent, entre la poire et le fromage, quelques brocards, d'ailleurs légers, à l'adresse de leurs concurrents au Salon. Murger n'égratigna pas à distance même les grimauds de lettres qui dénigraient sottement, dans leurs petites feuilles, ses vers comme sa prose. C'était un philosophe. Il ne garda pas rancune à celle qui « l'aima quand elle eut le temps ». C'est son cœur qui ira ouvrir à Musette quand elle viendra frapper à sa porte, et si l'absence a tué chez tous deux l'amour, « il n'est pas mort, le souvenir ». Certes le Dieu auquel il croit, rappelle moins celui de Bossuet, et même de Fénelon, que celui des « bonnes gens » de Béranger, un Dieu pour abbés Constantin. Si son Dieu à lui ne refuse pas la lune aux baisers sous les bosquets, ça n'a pas d'importance, c'est de la littérature. Murger mourut chrétiennement.

Chavette.

Eugène Chavette casait péniblement ses cent kilos dans la chaise la plus résistante de Brébant, avant de les mobiliser dans la salle du restaurant à l'heure du dîner. Son apéritif était le bock. Il lampait trois verres coup sur coup et se reposait un peu avant de siffler le quatrième. A ses amis qui voulaient l'arrêter au cinquième, il objectait : « Vous me faites suer », prenant le mot dans son sens concret seulement, car il avait, par ailleurs, de bonnes façons. Jamais un de mes contemporains ne

transpira aussi copieusement que l'auteur des
Petites Comédies du vice. Si la sueur est toxique, à ce
que disent les savants, Chavette aurait pu empoi-
sonner Paris avec tout ce qu'il épongeait sur lui au
moyen de son mouchoir, même au delà de la cani-
cule.

Entre deux abondantes suées sur la terrasse ou
dans l'intérieur du restaurant, cet homme adipeux
faisait la joie des voisins, des jeunes, parfois des
passants, en contant des histoires personnelles, où
il s'attribuait un rôle ridicule et qu'il débitait sans
rire lui-même une seconde. Il avait même, avant de
commencer ses récits, une façon d'assujettir un
pince-nez qui lui conférait la grave attitude d'un
professeur. Tel il m'apparut le jour où il me parla
comme suit de la République de 1848 :

« Fichu temps ! La frousse partout. Et quelle
dèche ! Ce fut le diable pour moi de m'aboucher avec
un camarade qui connaissait Dieu et diable, s'appelait Antoine et me procura un emploi du temps
rémunérateur. Il s'agissait pour moi de faire les
discours d'un député royaliste à l'Assemblée Cons-
tituante qui les débiterait à la tribune, après les
avoir appris par cœur. Ce travail me donna du mal,
car je n'étais pas royaliste, mais il plut au destina-
taire et Amanda, ma bonne amie, put se payer chez
le pâtissier des plâtrées de gâteaux. Enhardi par ce
premier succès, Antoine m'obtint un second discours.
Cette fois, le député était orléaniste. Ce travail me
fut pénible, car je n'étais pas orléaniste, mais il réus-
sit au point que, huit jours après, mon camarade me
demandait un troisième discours, cette fois, pour un
député républicain. Cette commande me donna du
mal, car je n'étais pas républicain, mais, cette fois,
mon succès fut tel qu'Antoine accourut, quinze jours

après, me commander, du coup, trois nouvelles
harangues pour chacun de mes trois clients désireux
tous trois de parler sur un sujet à l'ordre du jour
intéressant leurs circonscriptions respectives. Pour
comble de chance, je serais payé le jour même de la
livraison.

« Très bon début de soirée! Après être allés au
théâtre, nous revenons à minuit, ma compagne et
moi, dire plus de deux mots à un énorme pâté de
veau et jambon. Ensuite Amanda se couche. Je
m'assieds tranquillement à notre unique table pour
écrire mes discours que j'ai déjà dans la tête.

« C'est ici que la guigne commence... Je m'aperçois que je n'ai pas de papier à copie ou autant dire
rien. Il est minuit. Tous les papetiers sont fermés.

« Angoisse, mais courte, car mes yeux sont tom-
bés sur un jeu de trente-deux cartes avec lequel
Amanda vient de faire, comme tous les soirs avant
de se coucher, une patience, et une idée m'est
venue. Il y a sur le dos de chaque carte assez de
place pour pas mal de lignes de mon écriture qui est
menue. Si j'essayais d'écrire dessus mes trois
discours que j'ai dans la tête? Je prends la plume.
Ça va. Je couche sur les cartes mon éloquence avec
soin et je range discours par discours sans bien
entendu les confondre. Cela me prend toute la
nuit, mais je suis content : c'est de la besogne
bien faite. J'escalade Amanda qui ronfle dur et je
pionce mes huit heures. Au réveil, Amanda n'est
plus dans le lit. Je la cherche des yeux et la découvre assise à la table. Elle a empoigné froidement et
mêlé mes trois discours que j'avais si bien rangés,
à part les uns des autres, le nez dessus, les bat,
et les rebat impitoyablement... Je saute à bas du lit,
je la prends par le bras, et croise les deux miens.

« Tu as fait un beau travail ! »

« Elle ne s'épate pas, se lève, me jette : « J'ai raté ma réussite. C'est toi qui me portes la guigne. »

« Et elle va s'habiller dans le cabinet de toilette.

« Antoine m'a trouvé sur le bord du lit, les bras ballants, prostré. Quand je lui rapporte ce qui s'est passé, il a une révolte : « Quelle tête vont me faire mes trois députés en me voyant arriver chez eux les mains vides ! Si tu crois qu'ils vont casquer ! »

« Et il me tourne le dos en me disant des mots acerbes.

« Cinq minutes après, Amanda me quittait aussi, emportant ses frusques, une partie des miennes et mes jeux de cartes pour finir sa patience, sans me dire où. Je ne l'ai plus revue. »

Le récit terminé, je demande à Chavette :

« Puisque vous n'étiez alors ni royaliste, ni orléaniste, ni républicain, qu'est-ce que vous étiez?

— Rien, répondit-il avec dignité, et mes convictions n'ont pas changé. »

Comme romancier, Chavette avait le truc pour donner la chair de poule à son public.

Une vieille dame chez qui je villégiaturais et qui lisait tous les jours un feuilleton de lui dans *Le Gaulois*, me dit en confidence :

« Si vous connaissez l'auteur, voulez-vous le prier en grâce de ne pas faire commettre à un de ses personnages, une marquise, un double crime qu'il laisse prévoir, l'assassinat de ses deux frères. »

De retour à Paris, dès les premiers mots de ma requête, Chavette, fronçant le sourcil, me déclara en pesant ses mots :

« S'il s'était agi d'une comtesse, je vous aurais donné satisfaction, mais quand je mets une marquise dans un de mes romans, c'est plus fort que moi, il faut que ce soit la dernière des fripouilles. » Cependant, comme je lui fis entrevoir que ma vieille amie pourrait se désabonner du *Gaulois*, il réfléchit, s'épongea et finit par me promettre que sa marquise ne tuerait qu'un frère sur deux... Et il ne tint pas parole.

Romanciers populaires.

Scholl m'a fait rencontrer Ponson du Terrail. Il m'a paru que cet écrivain-gentilhomme n'avait pas dû hanter particulièrement son monde en vue de s'initier à ses us et coutumes, car je n'ai pas oublié cette indication fournie par lui sur l'emploi de la matinée d'un élégant : « Le baron avait attelé à son cabriolet le cheval qui avait gagné le Derby l'année précédente. » Mais il racheta cette infériorité mondaine par une qualité précieuse, l'ordre. Chaque fois que de nouvelles figures de personnages apparaissaient dans ses feuilletons, il sut, grâce à un classement rigoureux de ses papiers, éviter des gaffes d'autant plus regrettables qu'il écrivait plusieurs romans à la fois. Il eut l'idée de concrétiser ses personnages sous la forme de petites effigies en métal rappelant les soldats de plomb des enfants. Il les avait devant lui pour les fourrer ensuite dans un tiroir au fur et à mesure qu'il faisait passer son héros ou son héroïne de vie à trépas. Malheureusement, un jour s'étant trompé de tiroir, il tua Rocambole, un bandit de son invention qui commettait une scélératesse par feuilleton. Tolle général des lecteurs, menaces sérieuses pour le journal d'être forcé d'ouvrir le guichet des désabonnements, si le sympathique brigand continuait à dormir du sommeil de la tombe. Flatté à la fois et préoccupé par cette forte pression, Ponson, en tête d'une *Résur-*

rection de Rocambole, décidée de concert avec le directeur de la feuille en cause, publia :

« Comme la perspicacité de nos lecteurs et lectrices l'avait deviné, Rocambole vivait toujours. »

Et le roman repartit pour six bons mois, grâce à cette mort à retardement.

Entre temps Ponson aborda le roman historique. Il campa, on le sait, l'arme au poing des guerriers disant d'eux-mêmes : « Nous autres, chevaliers du moyen âge », et aussi il eut l'idée « d'une rue Laffitte, arpentée de long en large, par le cardinal de Richelieu.»

Sa mort bénéficia d'une presse sans malices. A peine si j'ai noté cette indication biographique donnée dans *Le Gaulois,* après la nomenclature de sept ou huit romans du défunt, œuvres de début : « Plus tard, l'orthographe l'attira. »

Un autre gentilhomme, le vicomte Xavier de Montépin, avait commencé dans la presse par des articles de mode qu'il signait d'un nom de femme, patricien, bien entendu. Les descriptions de toilettes ne rendant que peu en ce temps-là comme publicité, Montépin connut des heures d'autant plus pénibles qu'il était né vorace. Villemessant l'aida d'un billet de cent francs et s'en souvint un jour où son débiteur, le raccrochant sur le boulevard, lui proposa un roman feuilleton. La réponse fut : « J'aimerais mieux les cent francs que vous me devez. » Un embarras de voitures coupa court à l'entretien. Mais dès le lendemain, Villemessant recevait le manuscrit. Son fournisseur ordinaire lui ayant manqué de parole il le lut hâtivement, le trouva stupide et, pour la raison spécieuse que tous ses lecteurs ne seraient pas de son avis, l'envoya à l'imprimerie. Succès prodigieux. Du Montépin et encore

Cliché Braun

ALFRED DE MUSSET

du Montépin fut demandé à tous les rez-de-chaussée
de journaux payant cher cette sorte de prose.

*Scholl, roi du Boulevard. — Roqueplan, Aubryet.
— La presse boulevardière. — Le Figaro bi-heb-
domadaire puis quotidien. — Le Gaulois, Le
Journal amusant, Le Charivari et Cham, La Vie
parisienne, Le Tintamarre.*

Aurélien Scholl, cet ultra-parisien, était enfant de
Bordeaux où il fit ses premières armes d'écrivain et
même de poète. (Sa *Denise* est une jolie chose.)
Scholl logeait à deux pas de la rue Taitbout, dans
un agréable entresol où je vois encore en belle
place un grand portrait au dessin représentant
Eugénie Doche, la créatrice de *La Dame aux
Camélias* avec cette ligne de son rôle : « Alors je
t'ai connu, jeune, ardent, aimé. » Bien courtes ses
échappées hors de Paris, de préférence à Monaco,
où il faisait d'amusants mots de la fin sur la roulette,
la Méditerranée et les principales cocottes en rési-
dence à la table de jeu. Après quoi, brusque retour
vers ses chers cafés parisiens.

C'est à Tortoni, où il prenait d'ordinaire son
apéritif, que Scholl eut comme voisin de table un
doux vieillard à cheveux blancs, une de ces badernes
précieuses qui toujours ignoreront qu'on s'est payé
leur tête et qu'avec le prix on fait des nouvelles à
la main. Scholl amena peu à peu ce patriarche à
émettre chaque jour une série de calinotades, qu'il
servit aux lecteurs du *Nain jaune* régulièrement,
en les attribuant à un personnage imaginaire appelé
par lui Guibollard. Et cela en toute sécurité, le
bon vieux lui ayant confié que, pour obtenir des

digestions paisibles, il ne lisait jamais un journal... Guibollard, du reste, ne remplaçait pas les gazettes par l'histoire de France. Xavier Aubryet, ardent réactionnaire, s'en rendit compte. Lui ayant entendu dire : « Je suis républicain », il fronça d'abord le sourcil, mais, voyant que le brave homme craignait d'avoir déplu par la confidence de sa foi politique, lui concéda que tous les républicains ne sont pas « des Marat ».

— Marat... Marat..., répéta Guibollard, puis après réflexion : « J'ai eu une cuisinière qui s'appelait comme ça. »

Après hésitation, il rectifia : « Maria ».

Au sortir de Tortoni, à la suite d'un petit tour de boulevard retardé par les amis rencontrés à chaque tournant de rue, Scholl allait ordinairement dîner au Café Riche où il était plus chez lui qu'au Café Anglais. Le maître d'hôtel Ernest le gênait par sa tenue si comme il faut : « Je n'aime pas, disait-il, à me faire apporter des cure-dents par un sous-préfet. » (En ce temps-là les sous-préfets jouissaient d'un certain prestige, au moins vestimentaire.) Du reste il aimait tellement ses aises qu'il évitait les dîners en ville, quoiqu'il ait dit d'eux devant moi, un jour d'indulgence : « On y mange quelquefois très bien, tout en faisant du pied à la maîtresse de la maison et l'on s'en va en emportant une dizaine de cigares. »

Au Café Riche, Scholl se sentait pleinement en droit de secouer les garçons qui ne s'empressaient pas assez vite de satisfaire ses goûts et ses manies, dont la principale consistait, entre les plats, à attraper ses têtes de Turc ordinaires qui venaient dîner à côté de lui ou prendre le café, entre autres un homme énorme, pataud, faisant le commerce des peaux de bêtes féroces, et, par surcroît, se donnant pour l'inventeur de balles explosives qu'il disait avoir fait éclater dans le ventre des lions de l'Atlas. La scie quotidienne de Scholl consistait à traiter Pertuiset comme un « Tartarin » qui voulait en accroire. Celui-ci s'accommodait d'être blagué, car c'était de la très bonne publicité qui lui servait chez les fourreurs pour le placement de peaux de lapin, à la suite de l'apprêt nécessaire pour donner le change à l'acheteur.

Scholl a ébloui le boulevard pendant vingt ans. Son *Nain jaune* aura été un Ruggieri hebdomadaire. Mais peu à peu ses fusées les plus étincelantes firent long feu. Il vécut alors presque solitaire jusqu'au jour où il tomba gravement malade.

De quoi? Les médecins et ses amis diagnostiquèrent ce qu'ils voulurent, excepté la vérité qui est que cet homme de tant d'esprit n'eut pas celui de plier son estomac aux règles d'un régime alimentaire suivi. Il jouait imprudemment avec lui, avalant bocks sur bocks sans se griser et mangeant comme quatre. Il gagna le pari de refaire un dîner complet en le recommençant par la fine champagne, suivie du café, du dessert, en remontant jusqu'au potage et, je crois même, à l'apéritif.

Je l'ai vu, je puis le dire, à l'agonie. Il voulut bien me recevoir, me serrer la main, me sourire et s'infliger, lui, le roi des causeurs, le supplice ordonné par le médecin de ne pas parler. En sortant de chez lui, très ému, j'entrai dans un journal où je contai ma visite, et je tournai le dos à un rédacteur un peu trop « bien parisien », qui me demandait si le moribond avait eu un « mot de la fin ».

*
* *

Je trouvais Nestor Roqueplan, quand je voulais, à Tortoni, presque tous les soirs, de minuit jusqu'à une heure du matin, arrivant du théâtre du Châtelet où il était directeur. Les garçons, pressés d'aller se coucher, débarrassaient les tables, trop vite à mon gré, car Roqueplan était aussi agréable conteur dans le tête à tête qu'assis à sa table d'amis à la Maison d'Or, dans la salle donnant sur le boulevard. Je puis dire que j'ai eu la primeur de son si curieux *Parisine,* rempli d'observations profondes, inattendues de cet esprit catalogué léger par les gens lourds. Je l'entends encore pestant contre l'haussmanisation coupable à ses yeux d'attirer vers les opulentes maisons neuves du Paris de l'Ouest les grands industriels domiciliés jusque-là au Marais, au faubourg Saint-Antoine, à la portée de leurs ateliers et de leurs magasins, dans des maisons où les humbles logeaient sous le même toit qu'eux.

— On se connaissait, me disait Roqueplan, du premier au sixième étage. Quand une femme d'artisan tombait malade, la dame du premier montait s'occuper d'elle. Le patron retrouvait cela un jour de révolution. L'artisan du sixième se portait garant du bourgeois devant le populo soulevé pour piller et malmener l'odieux « proprio ».

Un autre jour, Roqueplan me donna son truc pour se débarrasser d'un fâcheux qui allait l'aborder dans la rue. Avant qu'il ait soufflé mot, il lui dit : « Je vous quitte car j'aperçois un raseur qui vient à nous. » Et son raseur le lâche content de l'avoir évité.

Il était de Marseille. Or, je n'exagère pas en disant

que les si réjouissantes hyperboles provençales
divertissaient fort le boulevard. Scholl, qualifié pour
donner des brevets d'esprit, m'a dit n'avoir jamais
connu de causeurs plus amusants que ses deux
aînés dans la littérature, Méry et Léon Gozlan,
deux outranciers de la blague marseillaise. Méry
avait fini par faire croire non seulement à autrui
mais à lui-même, qu'il connaissait *de visu* toutes les
Indes orientales décrites par lui avec une scrupu-
leuse vérité dans une série de livres à succès.
Quant à Gozlan, qui n'avait pas mis davantage les
pieds chez les noirs de l'Afrique centrale, il ne
s'inquiétait pas pour si peu. Accusé dans une polé-
mique de journal d'avoir tué traîtreusement une
douzaine de moricauds, il compléta le récit :

— Et je les ai mangés.

Roqueplan était aussi le dernier homme à se
laisser épater. S'il faut en croire Mme Bourget-Pail-
leron dans ses *Ecrivains du Second Empire*, il fit à
Baudelaire qui lui montrait un livre relié, affirmait-
il, en peau humaine, la réponse que voici :

— De la peau humaine, cela vous étonne? Mais,
mon cher ami, on ne tanne plus que cela! Et quand
vous viendrez chez moi, je vous montrerai une
culotte de cheval que je me suis fait tailler dans la
peau de mon père. Je ne la mets que dans les grandes
occasions.

Il ne goûtait guère davantage en politique les
fanatiques convaincus : « Je respecte, a-t-il dit devant
moi à l'un d'eux qui l'agaçait, toutes les opinions à
condition qu'elles ne soient pas sincères. »

*
* *

A la brasserie Neeser, le soir, j'ai entendu, une fois seulement, et trop peu de minutes, Edmond About, cet autre Ruggieri de la parole et de la plume. Il fut charmant, blagua avec beaucoup d'esprit ses amis politiques, d'être hommes de peu de parole, qui, vainqueurs, beaucoup grâce à lui, du 16 mai, au jour de la répartition des faveurs lui donnèrent l'occasion de dire : « On m'avait tout promis. J'ai tout accepté. Je n'ai rien obtenu. »

Xavier Aubryet, personnage à la figure tourmentée, à la voix caverneuse, était aussi lui très amusant, le soir chez Bignon, avec ses boutades réactionnaires. Il en voulait surtout à ces peuples soi-disant opprimés qui ont fait dire à Proudhon : « Après les persécuteurs, je ne sais rien de plus haïssable que les martyrs. » Il jetait ces derniers pêle-mêle avec leurs bourreaux dans les mêmes oubliettes. Surtout il ne voulait plus les voir sur le boulevard. Il rêvait d'envoyer les Juifs en Judée, les nègres en Nigritie. Il ajoutait, en passant, les démocrates « en démocratie ». Ses vœux ne s'étant pas réalisés, il parla d'écrire, modifiant le titre d'une œuvre de Guizot, des *Mémoires pour nuire à l'histoire de mon temps.*

Une affreuse maladie ne lui en laissa pas le loisir. Le malheureux passa par les pires tortures physiques et si longtemps que ses amis se lassèrent de monter ses étages. Dans un article, *la Maladie à Paris,* il a prévu le délaissement dont il sera injustement la victime. Ce chef-d'œuvre doit se retrouver dans la collection du *Figaro,* on aimerait à le retrouver dans un supplément de ce journal.

*
* *

LES POÈTES

Alfred de Musset.

Vous connaissez ce dialogue échangé entre de bons
paysans et un soldat de Napoléon Ier qui vient de
revenir au village : « Est-ce-que l'Empereur t'a
parlé ? — Oui-da ! — Où ça ? Quand ça ? — A une
revue du régiment, un jour où je le gênais pour
passer. — Qu'est-ce qu'il t'a dit ? — Il m'a dit :
Retire-toi de là, imbécile ! »

La seule fois que j'ai vu de près Alfred de Musset,
c'était aux bains de mer du Croisic, par une belle
matinée d'août 1856. Tout en regardant, sans grand
intérêt, de la plage, les débats des baigneurs dans
les vagues, il prêta l'oreille à des cris désespérés que
je poussais au loin. Nageur novice, ayant perdu la
tête pour avoir perdu pied, j'étais en grand danger
d'être noyé. On m'envoya une barque qui me
recueillit et me rejeta sur la terre ferme. Les marins
qui m'avaient embarqué m'ayant désigné du doigt un
Monsieur qui me parut d'âge mûr avec une barbe
blonde, comme étant mon sauveur, je me précipitai
vers lui. Il opposa à mon étreinte une résistance
d'autant plus légitime que mon costume de bain
ruisselait d'eau de la tête aux pieds, salua ma mère
qui, avant de me gronder, — oh ! les mères ! —
l'avait remercié de son mieux et disparut.

Une demi-heure après, au cours du déjeuner de
la table d'hôte de l'hôtel, j'appris par le garçon que
le Monsieur à la barbe blonde s'appelait Alfred de

Musset. Ce nom ne me dit rien, ni à ma mère non plus, n'étant guère connu à Paris, en dehors d'un cercle restreint de lettrés. J'appris aussi par le même garçon comment s'appelait un liquide vert que ce client avait étendu d'eau avant de manger. C'était de l'absinthe. Ce nom ne me dit rien, à ma mère encore moins. La mode venait à peine de prendre du breuvage que Henri Murger appela la déesse aux yeux verts.

Je me souviendrai toute ma vie de ma première récréation, six semaines après, dès ma rentrée au collège. Dans un coin de la cour des grands, je racontai avec chaleur à mon camarade Léon Chapron, déjà nommé, aimant autant que moi les vers, que, n'était mon costume de bain, j'aurais embrassé Alfred de Musset. Chapron jeta d'abord sur moi un regard de basse envie, puis, sans plus de préambule, me récita d'affilée toutes les apostrophes de *Rolla*, autant dire tout *Rolla* : « O Christ, je ne suis pas de ceux que la prière... Dors-tu content, Voltaire, et ton hideux sourire... Nègres de Saint-Domingue, après combien d'années... ». Mais le lendemain ce fut une bien autre affaire ! Tout le temps que dans le même coin de cour, mon condisciple rugissait l'invective fâmeuse aux femmes du monde, vous vous rappelez, celles qui ne plaignent pas une petite pensionnaire d'une maison close d'être obligée de rapporter à sa mère « en rentrant au logis ce qu'elle a gagné là », j'ai été conquis, fanatisé, capturé. Le dimanche suivant, mes menus plaisirs de la semaine passaient dans l'achat de tout le Musset paru, vers et prose. J'allai jusqu'à jeter au panier des débarras les deux œuvres magistrales qui faisaient devant mon pupitre une concurrence victorieuse à mes livres d'étude, *Les Mystères de Paris*

d'Eugène Sue et *Les Mystères de Londres*, de Paul
Féval. Cet envoûtement dura chez moi plus d'un
demi-siècle. Jules Lemaître, cet admirable voyant,
en appelant dans un article célèbre, tel Napoléon Ier avec le soldat de tout à l'heure, et bien
justement, grand Dieu ! ce *Rolla* que Musset ne
craint pas de qualifier de « grand, loyal, intrépide
et superbe », me déboulonna à moitié mon idole.
Aujourd'hui s'il est vrai, d'après Victor Hugo, qu'on
voit de la lumière dans l'œil du vieillard, j'ai peut-
être le droit de dire que beaucoup trop de gens
abusent du cliché : Musset est le poète de l'amour.

Poète de l'amour? Alors, avec une chanson de ma
jeunesse, je demande : L'amour quéq'c'est qu'ça?
Ouvrez Musset. Deux réponses à la question s'offrent
terriblement contradictoires :

Amour, fléau du monde, exécrable folie!

Et :

L'amour même, l'amour, le seul bien d'ici-bas.

Débrouillez-vous! Le poète vous y aidera bien
faiblement. Il aime mieux vous dire que l'amour est
une science et qu'il la possède. S'il plaint la belle
infidèle, il ne se plaint pas lui-même : il *sait* aimer.
Et plus loin :

O toi qui *sais* aimer, réponds, amant d'Elvire.

Il décerne même des brevets autour de lui :

Rien ne nous rend plus grand qu'une grande douleur.

Mais il ne prend pas la peine de faire part de son

érudition à l'homme moyen, à la femme moyenne. Il aime mieux sans doute ayant « deviné le secret des heureux », que la science de l'amour soit occulte hormis pour lui.

Ce qui est plus clair, c'est que, « fléau du monde » ou exécrable « folie », l'amour est une torture, qu'il bénit. « Chère est sa souffrance » (*Vers à Ninon*). Il est heureux d'aimer sans espérance. « Il va au-devant du péril enivrant des amours. »

Pauvre Musset! Il les exécrera, il les maudira, ces tourments que son hallucination insensée déifie, le jour où sa main tremblante laissera errer sur le papier ce testament qui met les larmes aux yeux :

> L'heure de ma mort, depuis dix-huit mois,
> De tous les côtés sonne à mon oreille.
> Depuis dix huit-mois d'ennuis et de veille
> Partout je la sens, partout je la vois.
> Plus je me débats contre ma misère,
> Plus s'éveille en moi l'instinct du malheur ;
> Et, dès que je veux faire un pas sur terre,
> Je sens tout à coup s'arrêter mon cœur.
> Ma force à lutter s'use et se prodigue,
> Jusqu'à mon repos, tout est un combat,
> Et, comme un coursier, brisé de fatigue,
> Mon courage éteint chancelle et s'abat.

Quelle tristesse aussi de penser qu'avant même qu'il ait achevé de mourir, toutes les maîtresses dont Maurice Donnay, dans la *Vie amoureuse d'Alfred de Musset*, fait délicieusement le dénombrement, se soient reprises à vivre, se soient séparées de lui pour jamais. Au surplus, si : « La femme oublie tout de l'homme, jusqu'aux faveurs qu'il a reçues d'elle », est-ce que de son côté, quelquefois, l'homme ne boit pas souvent et à plein verre des gorgées de Léthé, eau curative. En 1874 ou 75, en

compagnie d'Arsène Houssaye, devant le contrôle de
l'Odéon, j'ai vu une dame vénérable se retourner
vivement pour dire face à face à un vieux Monsieur : « Vous marchez sur ma robe ! » Le vieux Monsieur s'excusa et l'incident en resta là. « C'est George
Sand et Jules Sandeau, me dit en souriant Arsène
Houssaye. Ils ne se sont pas reconnus !»

La Presse boulevardière.

Plus libre dans les entournures que l'autre, la
petite presse menait grand tapage, et ce n'était
pas un mince agrément pour ceux que Veuillot
baptisait déjà du nom de « boulevardiers », de se pré-
cipiter tous les samedis sur les petits journaux non
politiques, *Le Figaro* ou *Le Tintamarre*, *Le Nain
jaune* ou *Le Diogène.*
Ce qui nous attirait surtout, c'étaient les personnalités à demi transparentes qu'on avait plaisir à
nommer ensuite tout bas ou même tout haut. D'autre
part, un entrefilet virulent, un mot de la fin agressif
nous faisait courir tout de suite à la signature, et
si l'article occasionnait à quelques jours de là
quelque envoi de témoin, le lendemain un bras en
écharpe était bien porté devant Tortoni ou le café
de Madrid. Le talent pouvait venir ensuite.
Le directeur du *Figaro*, alors hebdomadaire, déjà
achalandé, Villemessant, aurait-il pu frayer avec
les gens du monde, son nom étant précédé d'une
particule ? Je n'en sais rien ayant ignoré ses origines
de famille. Du reste, il ne se donnait pas les gants
de cousiner avec un La Trémoille ou un d'Uzès. Pas
plus qu'il ne se faisait la réclame de festoyer dans
les restaurants chers. Il déjeunait modestement

chez Noël, alors Peters, dans le passage des Princes,
alors Mirès, où j'allais quelquefois.

C'était un gros homme sur la ventripotence de
qui ballottait une grosse chaîne de montre avec
laquelle ses doigts jouaient machinalement, pendant
que sa voix enrouée distribuait des mots drôles à
droite et à gauche de la table qu'il présidait, entouré
de ses collaborateurs de second plan, car les deux
écrivains les plus en vue du journal, Aurélien Scholl
et Albert Wolff, n'avaient pas à faire leur cour au
patron qui avait encore plus besoin de leurs plumes
qu'eux de sa caisse.

J'ai assez parlé d'Aurélien Scholl pour m'en tenir
ici à dire deux mots d'Albert Wolff qui était sa
vivante antithèse. Autant Scholl plaisait dès l'abord
par son extérieur et l'élégante correction de sa
tenue, autant avec son dos voûté, son menton glabre,
ses lèvres épaisses et saillantes, Wolff réalisait
plutôt l'être ambigu dont le poète des *Émaux et
Camées* a dit, après une visite au musée du Louvre :

> Est-ce un jeune homme, est-ce une femme?
> Est-ce une déesse, est-ce un dieu?
> L'amour, ayant peur d'être infâme,
> Hésite et suspend son aveu.

Tous deux avaient beaucoup d'esprit, mais la
disgrâce physique de Wolff fut, bien entendu,
exploitée par ceux dont ses causticités de plume
piquaient au vif l'épiderme. Un petit journal ima-
gina une conférence fantaisiste qui débuta par :
« Messieurs, Mesdames et Albert Wolff... » et se
termina par un coup d'épée qu'infligea l'offensé à
l'aimable farceur.

La fortune rapide du *Figaro* hebdomadaire décida
sa transformation en quotidien. En un tournemain,

Villemessant trouva ou forma une équipe excellente de reporters, métier qui venait de surgir. Il en dénicha de très avisés comme Adrien Marx, d'autres plutôt impulsifs comme ce Gaston de C..., jeune décavé de ma connaissance, ignorant comme une carpe. A peine embauché, Villemessant l'envoie prendre des nouvelles de Rossini très malade. Il y court et le soir, sur le boulevard, me raconte triomphant : « On faisait des histoires pour me laisser entrer. Mais j'ai forcé la porte, bousculé les larbins et recueilli le dernier soupir de ce croque-notes... Je viens de l'apporter au journal. »

Le plus agréable des figuristes que j'ai connus a été Philippe Gille, bon écrivain de théâtre, causeur plein de saillies. Jeune, déjà chauve, se blaguant de l'être, il nous narra un soir :

— La bonne de mon petit René est une brave fille docile. Mais j'ai dû la gronder parce que le gosse n'est pas assez caressant pour moi. Ainsi, hier, rentrant chez moi, je l'ai surprise mettant la main de l'enfant sur la pomme de l'escalier en lui disant : « Caresse papa. »

Les échos de théâtre étaient confiés à Jules Prével pour qui sa rubrique Courrier de théâtre était un sacerdoce. La mise en ordre, le classement des notes reçues des diverses scènes absorbaient cet homme consciencieux. Il avait rêvé, paraît-il, les lauriers de l'auteur dramatique. Mais il ne donna pas de pendant au *Mari qui pleure,* petit acte reçu grâce à l'influence du *Figaro,* et joué quelquefois, pendant les canicules, à la Comédie-Française. De temps en temps la bonne rosse de Victor Koning, son ami le plus sûr, appelait couramment devant tous les rédacteurs présents, compris l'intéressé, le Théâtre Français : la maison de Prével.

Mais le grand boute-en-train du *Figaro*, c’était le patron, Villemessant, le plus gai de ses rédacteurs. Il se plaisait à faire des niches qui amusaient fort ceux qui n’en étaient pas l’objet. Ainsi une fois où passaient sous ses yeux les épreuves d’un article de son gendre Jouvin, critique théâtral, il intercala dans les épreuves, au beau milieu d’une phrase, le mot qui n’a pas été dit à Waterloo, puis annonça autour de lui :

« Vous verrez que demain personne ne se plaindra. »

En effet, le lendemain, seul, dans tout Paris, Jouvin s’était lu, y compris le mot ajouté. Il bondit chez son beau-père et protesta mais en vain. L’expérience avait été concluante. Villemessant jugeant que tous les gendres sont bons, hors le gendre ennuyeux, cassa le sien aux gages. Mais, chez lui, l’esprit de famille ayant prévalu, il lui donna une compensation très sortable. Jouvin, ému, écrivit une lette débordant de gratitude à son beau-père que ce dernier, sur le seul vu de la signature, a dû se hâter de ne pas lire.

Bon mari, Villemessant faisait à sa femme des plaisanteries qui animaient son foyer, qu’il aimait à raconter le lendemain à la rédaction, et dont le thème ordinaire roulait sur l’importance conquise par *Le Figaro* dans tous les mondes et auxquelles l’excellente créature ne demandait qu’à ajouter foi. Un jour, par exemple, ayant entendu son mari donner à haute voix du « Sire » et de la « Majesté » à un personnage qu’il reconduisait, elle lui demanda à son retour « qui c’était ».

« Qui veux-tu que ce soit? c’est l’Empereur. »

C’était Godillot, le grand industriel, ressemblant comme deux gouttes d’eau à Napoléon III.

Nous étions peut-être de grands enfants de prendre plaisir à ces babióles, mais que voulez-vous? La Bourgogne était heureuse, le reste de la France aussi, y compris *Le Figaro*, qui jubilait quand il trouvait des scies bien cocasses pour ses souffre-douleurs ordinaires.

Un de ceux-ci avait nom Léo Lespès. Sous le pseudonyme de Timothée Trimm, il opérait quotidiennement au *Petit Journal*, de fondation récente, qui avait eu l'initiative heureuse de ne coûter qu'un sou. Timothée avait pris assez vite le tour qui sait complaire au populaire. Et comme son patron, Moïse Millaud, homme pratique, appréciait l'influence de son chroniqueur sur le tirage du journal, Timothée supportait avec la magnanimité du silence les échos daubant, avec preuves à l'appui, son ignorance encyclopédique. Un jour pourtant, piqué au vif, il tint à répondre indirectement aux brocards visant la pénurie de son bagage classique et commença un article par : « Hier encore je relisais mon vieil Homère ». L'imprudent! Le vieil Homère de Timothée Trimm fit la joie du *Figaro*, et par ricochet la nôtre pendant un bon laps.

Le Gaulois date seulement de la fin de l'Empire. A son apparition, ce fut un journal surtout littéraire. En même temps que les échos d'Arthur Meyer à ses débuts sur les élégances parisiennes, Tarbé, son propriétaire et directeur, publia de très beaux articles demandés aux meilleurs écrivains. C'était aussi une maison de bonne compagnie et qui restera telle, j'en suis convaincu, au milieu du panmuflisme triomphant.

La place donnée à la politique transforma à certaines heures *Le Figaro*, et plus tard *Le Gaulois*, en journaux presque aussi graves que *Le Journal des*

Débats, Le Temps, L'Univers et *Le Siècle*, mais ce fut une raison de plus pour la presse gaie de faire tinter très fort la concurrence de ses grelots. C'est accidentellement, qu'à *La Vie parisienne*, Taine, sous le pseudonyme de Thomas Graindorge, livra ses observations austères sur la société contemporaine. Tout le reste du journal était réjouissant, à commencer par le *Monsieur, Madame et Bébé* de Droz et les histoires croustillantes de Richard O'Monroy.

Le Journal amusant justifia déjà son titre. Mais j'avoue mon faible d'alors pour *Le Tintamarre*, si bouffon dans sa trivialité, loyalement épanouie, et dont j'ai retenu les conseils « pour se tenir dans le monde », entre autres celui d'essuyer toute la sauce de son assiette avec une miche de pain qu'on place ensuite dans le verre de sa voisine. J'ai apprécié aussi la rédaction de ce fait divers :

« Un accident qui aurait pu avoir de fâcheuses conséquences a ému hier la rue Richelieu. Un couvreur est tombé d'un toit sur deux vieilles dames qui passaient. Par un hasard providentiel, le couvreur ne s'est fait aucun mal et il est allé de son pied léger et pour la forme à l'hôpital. Les deux vieilles dames sont mortes sur le coup. »

Enfin il convient de ne pas oublier que le principal rédacteur, Bienvenu, est le mémorable auteur d'une histoire de France, moins documentée peut-être, moins équitable dans ses jugements que celle de M. Jacques Bainville, mais qui n'a pas volé son épithète complémentaire de *Tintamarresque*. Si elle vous tombe jamais sous la main, je vous recommande la folie de Charles VI, de la bonne démence.

Badin à son heure *Le Tintamarre*, témoin ce début de chronique galante :

> J'aime à voir sur les quais
> Malaquais,
> Saint-Michel et du Louvre,
> Ce qu'un vent
> Soulevant
> Les cotillons découvre.

Puis-je enfin oublier les journaux dont la prose s'agrémentait de dessins, les uns assez bien venus pour se passer de légendes comme les Daumier et les Grévin, les autres où le dessin était l'accessoire et la légende le principal?

Ainsi ce Cham qu'on aurait pu ranger parmi les gens du monde amusants, car on savait qu'il s'appelait en réalité le comte de Noé ; mais, sans se brouiller avec sa famille, il s'était fait une vie à part, plutôt fantaisiste, donnant des soirées où venait qui voulait, sans même avoir pris la peine de le connaître même de vue. Un de ces intrus qui se trouvait près de lui un soir, lui ayant dit : « On s'embête ici, si nous nous en allions? — A qui le dites-vous! repartit Cham. Mais je suis le maître de la maison. Allez au café, dans un quart d'heure j'irai vous rejoindre. »

C'est, je crois, à cette même soirée qu'une invitée vague lui ayant demandé sans précaution comment il était devenu chauve obtint cette explication :

— Vous allez me comprendre, chère Madame : je suis très grand, alors mes cheveux sont pris de vertige et ils tombent.

CHAPITRE XVII

LE THÉATRE

Si je passe une brève revue de quelques théâtres,
c'est que je vous dois une confession humiliée.
Mon sens critique appliqué au jugement d'une
pièce a été infirmé par une cause qui devrait être
secondaire, à savoir que toute œuvre perdait à mes
yeux les trois quarts de son mérite quand les interprètes femmes pouvaient au point de vue esthétique
se classer dans la catégorie de ces jeunes filles dis-
grâciées dont les notaires disent couramment à un
candidat au mariage : « Elle est *agréable.* »

Cet état — mettons d'âme — datait chez moi du
jour où, élève de seconde à Louis-le-Grand, je fus
mené au Théâtre Français un jour de première
représentation, par le père d'un de mes camarades
de collège. Mazères, homme d'une cinquantaine
d'années, très vert, qui paraissait un vieillard à mes

seize ans, avait ses grandes et petites entrées dans la maison de Molière, pour y avoir été joué pendant les cinquante représentations consécutives qu'obtint son *Jeune Mari,* dont j'ai retenu ce court dialogue :

— Que je regrette mon premier mari ! s'exclamait la veuve au cours d'une discussion de ménage.

Et le successeur ripostait, les bras levés au ciel :

— Pas tant que moi !

Mazères m'emmena voir les *Doigts de fée* de Scribe. Au second acte, le rideau baissé, amoureux fou de Madeleine Brohan, je me ruai dans un café, j'y bâclai quatre vers délirants de passion, les remis sous enveloppe, avec cent sous à une ouvreuse dont j'attendis fiévreusement le retour. (J'avais donné ma carte sur laquelle était mon adresse.)

Je ne bénificiai d'aucune réponse.

J'avais fini de regretter mes cent sous deux ans plus tard, quand je fis la connaissance de mon idole. Elle avait eu le temps de se marier et de se séparer de corps et de biens d'avec Mario Uchard, l'auteur de la *Fiammina.* Elle était toujours belle. Au Jardin d'Acclimatation, où je lui fus présenté par son voisin de banc qui s'appelait Paul Déroulède, je me retirai vite pour ne pas interrompre un entretien ayant peut-être cet après-midi-là un autre objet que l'Alsace-Lorraine.

Ma « féminite » aiguë m'éloigna du grand Opéra car elle ne s'accommodait pas chez moi, partisan de tous les justes milieux, de ce que la pratique ininterrompue du chant développe singulièrement les pectoraux et par sympathie leurs annexes. Or Marie Sasse, la Krauss et Mme Gueymard Lauters passaient avec trop de preuves à l'appui pour avoir aux derniers salons de peinture fait faire leur portrait « grosseur naturelle ».

Au Théâtre Français je n'ai guère eu davantage de « vague à l'âme », surtout les jours de tragédie. Rachel venait de mourir. Sarah Bernhardt n'était même pas encore au Conservatoire. Leurs intérimaires, Dieu me garde de dire des noms! n'ont pas entraîné mon cœur dans le sillage de leur peplum. Notez qu'on n'avait pas encore les jours d'abonnement pour se consoler par l'inspection de jolies femmes dans la salle. On s'ennuyait ferme seul avec Melpomène. C'était le temps où l'on a conté qu'un beau soir Alexandre Dumas père, voisin de fauteuil d'orchestre d'Alexandre Soumet dont on jouait une tragédie très noble et non moins dure à avaler, lui signala quelqu'un non loin de lui qui dormait. Soumet ne dit rien, mais le lendemain, avisant lui aussi un spectateur assoupi, il le désigna du coin de l'œil à Dumas, dont cette fois se jouait une pièce. On n'avait jamais le dernier mot avec l'auteur de *Monte-Cristo*.

— C'est celui d'hier, affirma-t-il tranquillement, il ne se sera pas réveillé...

J'aurais pu être un de ces deux-là, surtout après avoir entendu le franc-comtois Maubant déclamer dans *Zaïre* :

Mon Dieu, j'ai combattu soixante ans pour ta *glouère*.
J'ai vu tomber ton temple et périr ta *mémouère*.

Si j'ai fui avec autant de persévérance la tragédie, c'est aussi parce que presque toutes les actrices du genre étaient aussi volumineuses qu'à l'Opéra. En revanche, dans la maison de Molière, j'ai été violemment épris des jeunes premières, des grandes coquettes, des ingénues, les unes après les autres et toutes ensemble. Je me faisais un petit roman pour moi tout seul depuis le lever jusqu'au baisser du rideau. Sans rien dire à personne, je m'incarnais dans les personnages des jeunes privilégiés qui en font voir de jaunes aux pauvres époux sacrifiés, le lamentable Coupeau des *Lionnes Pauvres*, le grotesque maître André du *Chandelier*. Avouerai-je que de ma place, dans les premiers rangs des fauteuils d'orchestre, ma candeur s'illusionnait au point d'appliquer à ma personne le mot tombé de toutes les lèvres des comédiennes dans l'après-midi : « Ce soir, je jouerai pour vous... ou pour toi. » C'est ainsi que j'ai été tour à tour, à la Comédie-Française, le héros du *Roman d'un jeune homme pauvre*, le *Duc Job*, le Bernard Staempli de *Mlle de la Seiglière*. J'avais le cœur serré si je m'apercevais que la jeune première jouait simplement pour le public, amant collectif et impersonnel.

Est-ce une excuse de n'avoir été le seul à être un spectateur amoureux — j'allais dire « des onze mille vierges ». — Toujours est-il que certain soir au Vaudeville on se jeta des bancs d'ouvreuses à la tête entre belligérants ; dans un camp, une cinquantaine de membres des grands cercles et, dans l'autre, une poignée de sergents de ville et d'employés de théâtre. La cause de la bagarre ? Le mécontentement de la délicieuse Blanche Pierson, toute jeune encore, mais ayant déjà donné comme actrice des promesses qu'elle devait largement tenir, en tout cas très autorisée à ne pas vouloir d'un rôle stupide dans une pièce médiocre, le *Cotillon*. Caderousse et autres élégants de tous les âges ne regrettèrent pas d'avoir payé d'une nuit de violon le plaisir de s'être fait les champions d'une juste cause qui d'ailleurs, à titre d'exception, triompha. Le *Cotillon* dura l'espace d'une soirée tumultueuse, mais « bien parisienne ». Jamais on ne vit autant d'habits noirs menés au poste. Comme un sergent de ville mettait la main au collet du jeune comte de Saint-Sauveur qui hurlait comme un beau diable, celui-ci se rebiffa :

— Empoignez donc plutôt ce gros-là, dit-il à l'agent. Il crie plus fort que moi.

Ce gros-là, qu'il désignait du doigt, c'était son père...

Pendant longtemps, le théâtre du Palais-Royal ne connut pas de si galantes levées de boucliers pour la raison péremptoire qu'il excluait systématiquement de son répertoire les rôles de femmes, sauf ceux de duègnes comiques. Faut-il même que Labiche ait été génial pour se constituer une belle fortune avec un répertoire où il n'écrivit guère de rôle féminin que pour la vieille et adipeuse Thierret. Plus tard seulement, et avec d'autres auteurs, Choler et Plunkett, les directeurs, engagèrent de jolies frimousses à qui ils donnaient quatre bredouilles à dire et le double de toilettes à exhiber. Et alors le guichet de location fut pris d'assaut par des jeunes gens impétueux et en particulier ceux qu'on appelait, du nom d'une institution célèbre, les élèves de la pension Massin, des élèves qui, sauf votre respect, n'avaient pas beaucoup de retenue.

Pierson, Massin, je les retrouve au Gymnase, le pudique Gymnase, dans les *Grandes demoiselles*. Et à côté d'elles ces deux merveilles de beauté, Angelo et Montaland. A laquelle des quatre un nouveau berger Pâris eût-il donné la pomme? Je n'en puis rien dire, mais combien d'entre nous ont rêvé tout au moins de distribuer des accessits aux dix ou douze autres exhibées dans la pièce!

Il va de soi que l'opérette, même dans les cocasseries d'Hervé, n'oublia pas pour notre jeunesse l'attraction de la note émoustilleuse. Les demoiselles qui n'avaient que trois répliques à débiter et chacune deux jambes à montrer dans l'*Œil crevé* et le *Petit Faust*, se sont acquittées de leur rôle avec une conscience qui leur valait d'être à peu près autant de fois invitées à souper que la grande accapareuse du succès aux Folies-Dramatiques, Blanche d'Antigny, et que plus tard Deveria, sultane dans les *Turcs* d'un sérail dont nous voulions être tous les gardiens !

Mais place, et vite, à Hortense Schneider !

Hortense Schneider ! C'était le chic même. Il y eut de plus jolies actrices. Il n'y en a pas eu, à ma connaissance, de plus ensorceleuses. Ce fut peut-être une flagornerie ou, si vous aimez mieux, une aimable impertinence, de l'intituler « Passage des Princes »? Mais c'était une fête pour les simples bourgeois de tous les âges d'aller la voir moyennant cent sous, le prix d'un fauteuil d'orchestre au bureau, en cet heureux temps, et de la revoir le lendemain et le surlendemain, et bien au delà de la centième.

C'est vingt, trente fois pour ma part que j'ai entendu la Belle Hélène, reine de Sparte, scander délicatement comme il sied à une souveraine :

> Oui, c'est un rêve.
> Oui, c'est un rêve.
> Oui, c'est un doux rêve d'amour...

puis, l'année suivante, le poing sur sa hanche villageoise dans le décor de *Barbe-Bleue* jeter le joyeux défi :

> N'y en a pas un' pour égaler
> La p'tit' Boulotte,
> Quand il s'agit d'batifoler...

Et la *Grande Duchesse de Gerolstein* quel souvenir! Quand un regard aguichant, allait de droite à gauche des fauteuils et des loges, chacun en prenait pour son grade de cette attention dont chacun voulait être l'unique objet.

*

* *

Tout autant que l'opérette, les revues de fin d'année eurent le vif souci d'éveiller ce que Barbey d'Aurevilly qualifie « l'affreux cochon que chacun porte en soi ». Aussi quelles recettes! Si les Variétés ont délaissé la revue pour l'opérette, ce n'est qu'après avoir distribué de jolis dividendes à leurs actionnaires à la suite, par exemple, de cet *Ohé! les petits oiseaux!* où triompha Skiwaneck, une seconde Déjazet.

Si la revue commença plus fructueusement, l'opérette sur les scènes gaies du boulevard du Temple, entres autres, retrouva bien vite un public empressé aux Délassements-Comiques où les couplets de deux auteurs monosyllabiques, Blum et Flan, ne manquaient pas d'esprit, surtout quand le directeur Sari, bouffon supérieur, suggérait aux répétitions des « béquets exhilarants ».

Au Petit Lazary, les auteurs, avec un éclectisme ou snobisme mondain, aimaient à initier leur public à certaines manisfestations de la vie élégante, celle-ci entre autres indiquant un chic emploi de soirée : « La marquise avait sa loge à l'année à l'Ambigu. »

J'ai retenu de toutes ces revues ce couplet que répétaient joyeusement les marchands de parapluies de l'époque :

HORTENSE SCHNEIDER

ADELINA PATTI

Il a tant plu
Qu'on ne sait plus
Quel est le jour qu'il a l' plus plu.
Je puis vous dire au surplus
Qu'il m'eût plus plu
Qu'il eût moins plu.

Théâtre des Jeunes Artistes.

Un modèle d'adaptation architecturale de la scène nous permettait de nous apostropher d'une avant-scène à l'autre sans nous préoccuper de la pièce ou de la salle. D'autre part, le public, connaissant par le menu les « artistes » intermittentes et les sachant au courant de leurs alcôves et de celles de leurs camarades, se plaisait à deviner pour le compte de quelles cabales inavouées tels gamins interrompaient la représentation par des interpellations familières adressées à la comédienne en scène, et dont : « Tais ta gueule! » était la plus sonore. Quand l'interpellée se refusait à cette suggestion, la cabale ne se gênait pas pour lui souffler des répliques qui auraient fait rougir tous les corps de garde de l'armée française.

Le rideau baissé, dans la rue, devant la sortie des artistes, les gens d'humeur batailleuse s'offraient ensuite de belles soirées de pugilat et de coups de canne. On se cognait entre champions de l'artiste et de ses adversaires et aussi avec les malandrins du quartier. A la suite d'une longue rixe à coups d'oranges, les ouvreuses ramassèrent sur la chaussée et plongèrent dans leurs cabas tout un dessert pour leur mioches. Et il y eut de la joie dans les « cintièmes » du quartier.

C'est une échappée des *Jeunes Artistes*, prétentieuse bécasse, qui, à force d'instance, obtint de

William Busnach, dans un couplet pour une de ses revues, juste un mot à dire : « J'osai les arrêter. »

A la répétition, la jeune personne articule nettement :

— Josué les arrêta.

— Pardon, mon enfant, observe Busnach, bon garçon, mais qui tenait à son texte, si j'ai écrit : « J'osai les arrêter », c'est avec intention. Votre Josué arrive comme des cheveux sur votre soupe ! Soyez gentille, lâchez Josué comme si vous aviez été avec lui.

— Jamais de la vie, répliqua la jeune interprète avec aigreur. Je le sens comme ça.

Busnach se crête :

— Et moi, je sens que vous aurez une tape avec Josué. Je maintiens mon : « J'osai les arrêter. »

— Et moi, mon : « Josué les arrêta ! »

Busnach ne tenait sans doute pas à faire attraper un héros de l'histoire sainte par son public ordinaire, car il retira promptement le rôle à sa rebelle interprète qui eut cependant avec lui le dernier mot, celui de « pignouf », avant que de s'évader de la répétition.

Les cafés-concerts.

En ce temps-là, ma bande avait toutes les nuits un cabinet à la Maison d'Or. Dans le jour, il fallait recruter des soupeuses sensationnelles, ce qui n'allait pas tout seul, si bien qu'à la suite d'une demi-douzaine de rabats défectueux, il fut convenu que désormais celui d'entre nous qui amènerait une convive vraiment digne de la bande n'aurait pas à payer son souper cette nuit-là. C'était sa petite commission. Personnellement, je tenais à faire la pige à notre Crésus, le Mexicain d'Alvimar, qui nous gâtait le métier en offrant des ponts d'or à la première figurante venue pourvu qu'elle eût, comme on disait alors, du cheveu, de l'œil et de la dent.

Le lendemain de cette décision, comme j'errais tout seul dans le couloir des premières loges de l'Ambigu, deux femmes déambulèrent devant moi : l'une mince comme un hareng saur, l'autre considérablement étoffée par la nature. Elles parlaient assez haut. La voix de la maigre me frappa. Où l'avais-je donc entendue en plus sonore? Et, parbleu! hier à l'Alcazar.

Alcazar... mais parbleu! c'est Thérésa! la reine des cafés-concerts. Mon sang ne fait qu'un tour. Si je l'emmenais à la Maison d'Or!

Je presse le pas, dépasse les deux femmes, me retourne ensuite et, chapeau abattu plus bas que le genou, la bouche en cœur, je pousse mon venin :

— Mademoiselle Thérésa, voudriez-vous me faire l'honneur de venir souper ce soir à la Maison d'Or, après la pièce, avec quelques amis, vos admirateurs enthousiastes.

Et désignant du regard l'étoffée.

— Avec Madame, bien entendu.

Sur quoi, je joignis les mains, ce qui fit tomber mon chapeau et rire Thérésa ainsi que sa compagne, connue, je l'ai su depuis, sous le sobriquet de Pertenchien, et que le diva de l'Alcazar, s'arrêtant ensuite de rire, consulta vaguement du regard avant de décider :

— Ça nous va. D'autant plus que nous avons lâché notre dîner après le potage pour ne pas rater l'entrée de Marie Laurent au deuxième acte... Vous nous retrouverez à la sortie.

L'entr'acte fini, je regagne ma place, d'où je n'écoute pas un traître mot du dernier acte. Dès le baisser du rideau, je dégringole l'escalier et je cherche des yeux mes invitées. Douleur! Elles ne sont pas au bas... Mais au moment où je me demande si l'on ne m'a pas fait une blague, j'aperçois à la sortie Thérésa souriante m'attendant avec son amie. Tout va bien. J'engouffre mes deux femmes dans un fiacre.

— Cocher, à la Maison d'Or!

Entrée triomphale dans le cabinet. C'est à qui me félicitera, débarrassera Thérésa de son manteau, la calera dans un grand fauteuil. Les camarades n'ayant encore rien pris, je commande ce qu'il y a de mieux, donc de plus cher pour un souper dont je n'aurais pas à payer ma part.

Ce qu'elles ont mangé, nos deux invitées! C'est au dessert, seulement, que n'en pouvant plus, Thérésa délaça son corsage :

— Je crève de chaud, annonça-t-elle avec bonhomie.

Alors, à son aise, sur ma discrète invitation, elle nous raconte sa soirée de la veille aux Tuileries dont parlaient tous les journaux du matin.

— Épatant! déclara-t-elle, avec de belles vibrations d'enthousiasme. Ça dépasse tout ce que m'en avait dit ma cousine, une Valadon, comme moi, qui a été dans le temps employée au Palais à la lingerie. Surtout le grand salon illuminé avec toutes ses bougies. C'est ça qui dégotte l'Alcazar et ses becs de gaz! Et tout ce beau monde!... Pas poseuse, l'impératrice. C'est elle la première qui m'a fait des compliments sur mon chant! Et l'empereur, sur mes mains! « Quand on a des mains comme les vôtres, m'a dit Sa Majesté, on les montre! » Aussi. je ne porte plus de gants. Voyez...

Et elle leva en l'air ses dix doigts uniquement vêtus de bagues superbes et qu'elle laissa baiser l'un après l'autre par d'Alvimar.

Cet animal, au moment du départ, offrit son coupé à ces dames pour les reconduire chacune chez elle, descendit les mettre en voiture, prit au retour un petit air réservé, qui me gâta pour une bonne moitié les joies de mon rabat à l'*Ambigu*. La belle jambe d'avoir soupé à l'œil si mon invitée garde toute sa gratitude à ce rasta !

Je revis Thérésa plus tard, aux Variétés, où elle jouait *La Boulangère a des écus*. Électrisé par l'enthousiasme de la salle dressée debout, battant des mains tout le temps qu'elle jetait, du creux de son magnifique contralto, son défi révolutionnaire aux patrons exploiteurs du « pauvre peuple » :

> Nous sommes ici trois cents femelles
> Et la danse (*bis*) va commencer...

je passai à l'entr'acte dans sa loge pour la féliciter. Elle voulut bien me reconnaître, et se souvenir de la nuit passée à la Maison d'Or. Elle me plut aussi par la façon dont elle me parla du Mexicain. Il était venu la voir le lendemain de la reconduite en coupé, puis le surlendemain pour lui proposer de se mettre avec elle, à la seule condition qu'elle se retirerait de toutes les scènes et ne chanterait plus jamais.

— L'imbécile ! conclut-elle avec le même gros rire causé par la chute de mon chapeau.

Du reste, c'est le théâtre qui se retira d'elle et pour cette cause dont j'ai parlé à propos des chanteuses en général. L'obésité fit assez vite une baleine du hareng que j'avais pêché dans les couloirs de l'Ambigu.

Les Folies-Bergère.

Des folies qui furent dans les mains directoriales
de Sari la raison même. Ne serait-ce que pour cette
conception ingénieuse, le promenoir. Sari, en avait
déjà eu l'idée avec les Délassements-Comiques
où le spectateur trouvait la faculté d'activer la
digestion de ses dîners en déambulant pendant la
représentation le long des loges, quitte à s'accouder
sur leur rebord quand il était fatigué. Mais aux
Folies-Bergère, cette commodité était comprise
encore plus en grand. Nous pouvions faire le tour
de la salle en causant entre nous sans être gênés
par ce qui se disait ou chantait sur la scène.

Il va de soi qu'autour d'Aurélien Scholl se formait
un cercle de mondains, d'artistes, de gens de lettres.
Un soir le comte de X..., homme opulent, plein de
rondeur et dont la conversation s'émaillait de jurons,
se prenant d'amitié subite pour le peintre Manet,
l'auteur du *Bon Bock*, qui se trouvait avec nous,
tout en lui tapant sur l'épaule lui dit :

— Vous m'allez, vous, nom de D... Venez chez
moi demain, nom d'un chien ! vous ferez le portrait
de la comtesse.

Manet, le voyant s'éloigner, se tourna vers Scholl
et moi, et comme c'était un homme correct et réfléchi
observa doucement :

— Les hommes du monde, il n'y a encore que
ça.

⁎
⁎ ⁎

En dehors des pièces à femmes mon fond de
batailleur me fit souvent faire queue devant un
théâtre où je savais qu'il devait y avoir du « chahut ».

De toutes ces soirées auxquelles j'ai assisté, la plus originale fut la troisième et dernière de *Gaetana*. Le quartier latin ne pardonnait pas à Edmond About d'avoir fréquenté avec moins d'assiduité ses cafés et ses caboulots que le salon de la princesse Mathilde, cousine de l'empereur! Je n'ai pas, bien que placé au premier rang des fauteuils d'orchestre, entendu un mot, voire une syllabe de *Gaetana,* même au début, lorsque les acteurs, s'enrouaient héroïquement pour couvrir la tempête des sifflets et des huées. Après quoi la pièce se mua en pantomime. Les interprètes ouvraient bien la bouche, mais j'ai appris depuis que c'était pour se dire entre eux : « Ils ne finiront pas de gueuler, ces animaux-là! »

Toujours comme friand de la lame j'ai chéri les drames historiques où l'on ferrailla impitoyablement. Ce Mélingue! Je l'entends encore, l'épée brandie hors du fourreau, tête haute, l'œil sur un estafier qui a tiré aussi lui sa rapière, crier aux badauds qui passent : « Voulez-vous voir un scorpion cloué contre un mur? » ou encore jetant à toute une escouade d'agresseurs : « Dix manants contre un gentilhomme, c'est trop peu! »

— Mélingue tire comme un pied, ronchonnaient les maîtres d'armes jaloux de lui, à leurs élèves.

Peut-être, mais qu'importait ce détail au public? Et à la direction donc : puisque les dix manants roulaient dans la poussière tous les soirs et que les francs qui valaient chacun vingt sous alors, tombaient dans la caisse?

Ah! les belles soirées. Sans compter que la beauté d'Adèle Page contribuait largement à la réalisation de recettes magnifiques. Comédienne médiocre, donc épisodique, rien qu'à la voir paraître toute la salle

frémissait pendant des mois et des mois, témoin ce
billet d'un « titi » ingénu qu'elle reçut un jour et dont
il a été parlé à l'époque : « Madame, je vous adore !
Si ça ne vous fait rien, regardez voir ce soir à la
cinquième galerie. Mes jambes pendront. »

. . . .

P. S. Bien des mois et des mois après, je viens
de relire ce chapitre théâtre non sans quelque
remords rétrospectif. Ai-je été assez le spectateur
déplorablement cocodès du Second Empire, qui
s'est peut-être attardé dans quelque café ou boui-
boui le soir où devant une salle brillante et comble
Arnould Plessy prononçait d'une voix tremblante
d'émotion, lors de sa représentation d'adieux, ces
vers si nobles de Sully Prudhomme :

> Tout le deuil est pour moi qui m'en vais solitaire,
> Pour vous les soirs passés auront des lendemains.
> Le temps ne force pas les chefs-d'œuvre à se taire
> Des secrets du génie humble dépositaire,
> Ma main lasse les passe à de plus jeunes mains.
> Pourtant je viendrai voir au travers de mon voile
> Si l'ancien feu sacré luit toujours sur l'autel
> Et palpitant encore aux frissons de la toile
> Saluer avec vous plus d'un lever d'étoile
> Car la France est féconde et l'art est immortel.

ÉPILOGUE

·Humbles conseils à la jeunesse patriote. — Ne nous imitez pas.
Il faut « s'en faire ».

Jeunes gens d'aujourd'hui, vous pouvez, j'espère, après que j'ai fait passer sous vos yeux le cinéma de ce que l'on appelait déjà « la fête impériale », avoir votre opinion sur la question que je me suis posée à la première page : Notre vie a-t-elle été digne d'être vécue?

J'en doute un peu, entre nous. Nous aurons beau plaider les circonstances atténuantes, rappeler que la France possédait la sécurité à l'intérieur grâce à la police d'un Boittelle et d'un Pietri, que d'heureuses guerres avaient été suivies de paix qui n'étaient pas désastreuses et que, si la campagne de 1870 fut la « calvalcade funèbre » dont parla John Lemoine, les « petits crevés » de 1870 s'en sont allés le cœur léger, eux aussi, souper chez Pluton. Tout de même, nous n'avons pas été, selon le mot à la mode, « à hauteur ». Sa frivolité insouciante mérite que notre génération ait encore aujourd'hui une dette à payer. Pour ma part je n'ai pas été, grâce à Dieu, l'esclave ivre que les pères de Lacédémone exhibaient devant leurs fils pour les dégoûter de l'ivresse. Mais j'ai mis assez de temps à me dégriser pour ne me sentir quitte qu'à la condition de mettre sous vos yeux des observations suggérées par mon expérience à retardement.

J'en ai eu la première idée en novembre 1919. J'avais eu l'honneur d'être reçu par le Maréchal Foch dans son bureau du boulevard des Invalides. J'apportais à l'illustre guerrier un numéro de journal que je savais devoir l'intéresser, car il contenait une lettre du marquis de Voguë auquel le vainqueur de Ludendorf succédait à l'Académie française. Cette lettre avait été adressée au *Figaro* qui, à l'occasion de la publication de *L'Émigré*, le beau roman de Paul Bourget, avait ouvert une enquête sur le rôle dévolu à la noblesse française dans notre société démocratique. Avec l'autorité que lui conférait toute une vie de travail bien employée, l'ancien ambassadeur à Constantinople et à Vienne, en dernier lieu président de la Société d'Agriculture de France, donnait en substance aux jeunes gens de son monde, le conseil que résume la brève devise de Septime-Sévère : *Laboremus.*

Ces exhortations s'adressaient aux jeunes patriciens, riches ou tout au moins à leur aise. Il m'a semblé qu'elles pouvaient aujourd'hui s'étendre aux jeunes hommes des classes moyennes, en ce temps où toute la jeune génération bourgeoise est tenue de faire « quelque chose ».

Cherchons ensemble, voulez-vous ? ce « quelque chose ». Commençons, tout d'abord, par écarter une première tentation : c'est de loucher vers certains gagne-pain que j'appellerai « en marge », par

exemple aiguillant Pierre, Paul ou Gontran vers
des emplois de temps qui exigent le moins d'apprentissage, pour lesquels certains peuvent croire
avoir été pris tout petits. De ce qu'on a grandi
au milieu de meubles et de bibelots anciens, en
admettant que l'ignorance de leur valeur n'ait pas
engagé les parents à se débarrasser de ce « bric à
brac » pour un morceau de pain, on se figure volontiers que, du jour au lendemain, ou personnellement,
ou par des gens interposés, on peut se faire, permettez
ce barbarisme, « meubleur » pour les nouveaux riches
ou les enfants de pays à change élevé. Le bénéfice serait la commission clandestinement convenue
avec les marchands d'antiquités, les décorateurs,
les tapissiers. D'autre part, pour avoir eu tout enfant
un poney entre les jambes, on estimera peut-être
pouvoir, toujours directement ou indirectement,
« concurrencer » les maquignons de profession.
Croyez-moi, ne nourrissez pas de semblables illusions! Dix-neuf fois sur vingt le marchand d'antiquités et le maquignon, en fin de compte, font
seuls la bonne affaire que vous leur aurez pro-
posée. C'est eux qui auront été pris tout petits pour
cela.

Vous rabattrez-vous sur l'éternelle course vers le
mariage riche? Prenez garde. Les chasses à la dot,
depuis la guerre surtout, ne connaissent pas toujours
les joyeux hallalis, même si les candidats au mariage sont en état de mettre des blasons dans les
corbeilles. D'abord, règle générale, aujourd'hui le
bourgeois riche ne se soucie pas d'un gendre qui
ne fait rien. Ensuite, les parchemins sont regardés
d'un peu plus près. On discute les origines. On
rappelle les anciennes blagues : « L'occasion fait le
baron » et aussi les « comtes... courants » ou « des

profits et pertes ». Et puis, quand ce n'est pas les
parents et les tabellions qui réajustent, selon l'euphémisme à la mode, les situations aux yeux du Paris
mondain, c'est aujourd'hui, ne souriez pas, la douce
jeune fille. Présentement, Mademoiselle entend se
marier toute seule, en dehors de ses parents, quelquefois contre eux, donc causer directement apports
mutuels, avec le postulant qui se propose. Femme
pratique, elle lui annoncera franchement son intention d'employer à sa toilette ce qu'elle met dans la
communauté, donc ne guère contribuer ou bien peu
aux dépenses du ménage, ce qui n'est pas gai pour
l'époux, même plus à son aise que le camarade
de cercle dont Caderousse disait : « Il a une mille
livre de rentes. » Sans doute un titre authentique
conserve quelque prix dans les familles de l'homme
moyen dont la fortune est au-dessus de la moyenne,
mais M. Poirier n'accepte point facilement un gentilhomme endetté pour gendre. Et le marquis de
Presle sera souvent réduit à faire un mariage
d'amour. Autant peut-être le célibat.

Mais en voici bien une autre ! De mon temps, quand
un jeune homme arrivait à sa majorité, il avait la disposition de sa fortune ; son père, son oncle, un ami de
la famille essayait de le garer paternellement contre
le danger du jeu qui fait tant de victimes. Le jeune
homme murmurait à part lui le mot du vieux zouave
pochard au maréchal Bugeaud passant la revue du
régiment : « Continue, vieillard, tu m'intéresses », et,
le dos tourné, s'en allait au cercle, aux courses, à
la Bourse.

Le cercle ! Ils sont, paraît-il, quelques-uns éman-
cipés depuis la guerre qui ont une conception originale sur le jeu sous tous ses aspects. Ah ! ce n'est
pas eux qu'on prendra à se ruiner sottement, car le

jeu tel qu'ils le comprennent, c'est une affaire, une façon de placement.

Si l'on n'est pas le toqué qui ponte tous les coups, mais bien l'homme méthodique qui, ne perdant que ce qu'il veut perdre, se lève de table dès qu'il va entamer plus qu'il n'a dans sa bourse de jeu, assurément, ce n'est pas amusant. Vous allez au baccara comme à votre bureau. Ce sera la journée, ou plutôt la soirée de plus de huit heures; mais quelle compensation! Du vingt ou trente pour cent en moyenne. Trouvez-moi beaucoup de valeurs distribuant de pareils dividendes au bout de l'année!

Naïfs enfants! Ils n'ont pas même, au cercle, regardé d'un coin de l'œil la tirelire où le valet de pied fait tomber les jetons prélevés sur toutes les tables où l'on joue cher. Surtout dans les cercles de casino à Deauville, à Cannes, où c'est par millions que se chiffre l'impôt prélevé par la cagnotte, seule et unique gagnante.

Aux courses maintenant.

Il y a une quinzaine d'années, le comte Roger de Nicolay m'a dit :

— Je vous sais très lié avec H... Si vous avez quelque influence sur lui, dites-lui bien que j'ai une écurie de course pour m'amuser. Il désire en être, voulant s'occuper : mais je veux qu'il soit dans les mêmes idées que moi et qu'il soit donc mon associé pour s'amuser.

H... s'amusa pendant une saison ou deux d'être associé de Nicolay. Le jour où l'écurie cessa de nouer les deux bouts, cela l'amusa moins, Nicolay aussi qui se borna à être éleveur. Voilà pour les propriétaires.

Devant les parieurs, l'obstacle principal qui se dresse s'appelle le Pari mutuel. Les « malins » ont la prétention de sauter cette banquette irlandaise grâce à un travail méritoire. Ceux-là piochent une partie de la nuit et de la matinée la confection de ce qu'ils appellent un livre avec toutes les généalogies et performances qui seront la base indispensable de leurs paris. Ils se font fort pendant une campagne de courses qui maintenant dure toute l'année ou à peu près, de gagner la forte somme, y compris les frais, à commencer la locomotion en automobile pour aller aux courses si l'on n'a pas ce véhicule à soi. Conclusion. Je demande à voir ou à m'entendre nommer un seul gros parieur qui ait été un gros gagnant depuis un demi-siècle.

Sur la Bourse, je ne serai guère long.

Un de mes camarades, garçon intelligent et sage par ailleurs, se laissa peu à peu intoxiquer, il y a trente ou quarante ans, par la hausse phénoménale d'une valeur qu'on nomma Timbale Bontoux (alors plat à la mode), du nom du financier, d'ailleurs très honorable, son administrateur délégué. Ayant à sa disposition trop peu d'argent pour payer les titres et les mettre sous clef, il les acheta à découvert. Au moment de la liquidation de quinzaine ou de fin de mois il empochait la différence en cas de gain ou réglait son compte en cas de perte. Il ne se liquida pas, loin de là. On ne voyait que lui dès l'ouverture de la Bourse, jusqu'à la fermeture, la fièvre du jeu l'ayant capturé. Mais alors il lui fallait payer d'abord ce qu'on appelle un report, ensuite un nouveau courtage. Passe pour le report, puisqu'il ne joue que tous les quinze jours ou tous les mois, mais le courtage est autrement onéreux quand on a l'état d'âme de mon camarade qui, je l'ai dit, poussé à la Bourse dès l'ouverture, y restait des trois heures de séance, allant des co-

lonnes du Temple dans l'intérieur, l'oreille aux
aguets de la cote, donnant des ordres de vente ou
de rachat à chaque oscillation du cours. Résultat :
le jour où il eut le courage de se liquider et où il
fit son bilan, tout compte fait il restait gagnant
en principe, sa valeur ayant monté depuis le premier achat d'au moins deux cents francs ; mais
les reports et les courtages lui mangèrent son bénéfice, jusqu'au dernier sou. Il n'a même pas rattrapé
le prix de ses fiacres qui le menaient à la Bourse
et l'en ramenaient. Au fond il a été un veinard si
on le compare à tant d'autres que personne, surtout
leurs intermédiaires impayés, n'ont jamais revus,
parce qu'ils ont fait le plongeon, peut-être bien
dans la Seine.

Bref, sous forme de cagnotte, pari mutuel, courtage, la commission fait de l'intermédiaire le seul
gagnant. Il reste au joueur les yeux pour pleurer
et à ses bonnes amies juste un mouchoir de dentelle
pour essuyer leurs yeux entre elles.

*
* *

Voilà pour les gagne-pain que j'appellerai *à
côté*. Envisageons maintenant par contre les profes-
sions sérieuses et cela dans l'intérêt non seulement
de ceux qui sont nés, comme disent les Anglais, avec
une cuiller d'argent dans la bouche, mais de tous
les jeunes hommes, de toutes les origines sociales,
élevés dans le respect de ce qu'un imbécile de magistrat du temps de Combes appela les trois balançoires : la religion, la famille et la propriété.

Tout d'abord il y a beaucoup de réserves à faire
en ce qui touche la plupart des fonctions politiques.

Je ne vous vois pas sous-préfets, faisant de la sale cuisine électorale, encore moins vous promenant bras dessus bras dessous, surtout en Alsace, avec des instituteurs défaitistes.

Quant à l'armée et à la marine, le cas est encore plus délicat : le régime actuel fait la vie bien dure à l'officier. La franc-maçonnerie opère comme à l'époque des fiches, alors que certain cuisinier sur un cuirassé espionnait, pour le compte des loges, un amiral. Ce n'est tout de même pas une raison pour hésiter à se présenter à Saint-Cyr, à Polytechnique, à l'École navale : France d'abord, comme disait Déroulède. Et puis, il est permis d'espérer que la tyrannie des loges ne sera point éternelle. Sans compter que si l'officier se trouve forcé de démissionner, il aura la certitude de n'avoir pas perdu son temps sous les drapeaux. Car il aura pris contact avec l'enfant du prolétaire, appris à lui parler, à le manier, à être avec lui en confiance. Rentrés ensuite dans la vie civile, les uns et les autres ne se regardent pas comme des chiens de faïence. L'officier a même tout intérêt à garder ses relations cordiales avec l'enfant du peuple. Qu'il se présente par exemple une vacance dans le conseil municipal, il trouvera en eux d'excellents agents, ce qui a son importance, les conseillers municipaux contribuant à désigner les délégués sénatoriaux.

Ajoutons que l'aptitude aux carrières libérales n'est pas le privilège des seuls enfants du peuple. Si M. Painlevé, fils d'ouvrier, passe pour un bon géomètre, — ce qu'il aurait bien dû rester, — le marquis de Laplace a été au moins son égal autrefois, devant un problème si épineux, valant en ces temps-ci un Hermite et un Picard. Dans le barreau, dans la médecine, dans les lettres par exemple, aujourd'hui on me signale des gentilshommes ou des bourgeois dont les bénéficiaires n'ont pas, dans leur enfance, passé par l'école primaire. Ce n'est pas à moi de vous désigner telle ou telle de ces carrières ou d'autres. Veuillez seulement vous décider vite, vu la concurrence, à en prendre une, même si elle ne correspond pas tout de suite à vos habitudes et à vos goûts. L'essentiel c'est d'être occupé dans la journée! Vous jouirez plus pleinement de vos beaux dimanches.

Est-ce là tout ce que je pouvais vous dire afin de vous éviter tous les pièges que masquèrent à nos yeux les fleurs de la bouquetière Isabelle du Jockey-Club. Non, à coup sûr, mais j'ai si peur de voir appliquer à mon cas le vieil adage : « Les conseils ne font plaisir qu'à ceux qui les donnent », que je me hâte d'ajouter bien vite : Acceptez seulement le pourcentage de dix pour cent sur les miens et je ne regretterai pas, sinon d'avoir vécu une « folle jeunesse », tout au moins de vous l'avoir contée le moins mal que j'ai pu.

FIN.

TABLE DES MATIÈRES

CHAPITRE V

CHAPITRE VI

CHAPITRE VII

CHAPITRE VIII

CHAPITRE IX

CHAPITRE X

CHAPITRE XI

Typographie Firmin-Didot et Cⁱᵉ. — Mesnil (Eure). — 1927.